O AMOR NÃO DÓI

ANAHY D'AMICO

O AMOR NÃO DÓI

PAIDÓS

Copyright © Anahy D'Amico, 2020
Copyright © Editora Planeta do Brasil, 2020
Todos os direitos reservados.

Organização de conteúdo: Marília Chaves
Preparação: Fernanda Guerriero Antunes
Revisão: Nine Editorial e Renata Mello
Diagramação: Maria Beatriz Rosa
Capa: Helena Hennemann / Foresti Design

Dados Internacionais de Catalogação na Publicação (CIP)
ANGÉLICA ILACQUA CRB-8/7057

D'Amico, Anahy
  O amor não dói / Anahy D'Amico. – São Paulo: Planeta, 2020.
  160 p.

ISBN 978-65-5535-108-8

1. Relacionamento 2. Autoestima 3. Amor – Aspectos psicológicos I. Título

20-2305   CDD 158.1

Índices para catálogo sistemático:
1. Relacionamentos

Ao escolher este livro, você está apoiando o manejo responsável das florestas do mundo

2024
Todos os direitos desta edição reservados à
EDITORA PLANETA DO BRASIL LTDA.
Rua Bela Cintra, 986, 4º andar – Consolação
São Paulo – SP CEP 01415-002
www.planetadelivros.com.br
faleconosco@editoraplaneta.com.br

Ao meu pai, Rosário, que sempre me ensinou a confiar em mim e em meu julgamento.

O que protege uma mulher é a capacidade de mudar.
O que protege você é a sua mudança.

SUMÁRIO

O RADAR MAIS PRECISO DO MUNDO 11
    O RADAR 15
NOS ENSINARAM QUE O AMOR CUSTARIA CARO
(A MULHER/VISÃO DE MULHER) 19
    VOCÊ TEM REPERTÓRIO SOBRE O QUE É
    UM RELACIONAMENTO SAUDÁVEL? 24
    PRECISAMOS FALAR DO MEDO DO ABANDONO 26
O AMOR NÃO É UM CONTO DE FADAS. É UMA SÉRIE 31
    PRÍNCIPES E PRINCESAS 32
    A MULHER PRECISA SER SALVA? 37
    E FORAM FELIZES PARA SEMPRE? PARECE UM POUCO VAGO 39

O AMOR É LIVRE 43
O AMOR É GENEROSO 53
O AMOR PROTEGE 63
O AMOR É ESPELHO 75
O AMOR É INDEPENDENTE 81
    FORMAS DE DEPENDÊNCIA 84
O AMOR TRANQUILIZA 91
    COMO EU SEI SE ESTOU VIVENDO ABUSO PSICOLÓGICO? 93
    ABUSO VERBAL 95
    MAS SERÁ QUE EU SEI DO QUE ESTOU FALANDO? 96
    CULTURA DE ABUSO 100
    "UMA PALAVRA FERE MAIS DO QUE UM TAPA" 101
O AMOR NÃO PRECISA DE DESCULPAS 103
O AMOR É GENTIL 109
    QUEM AMA PELOS DOIS VAI SOFRER DOBRADO 110
    SÍNDROME DE CUIDADORA SEM SALÁRIO 114
O AMOR EMPODERA 117
O AMOR É CARINHOSO 121
O AMOR SENTE 127
O AMOR É RESPEITOSO 133
O AMOR É SEU 139
    O QUE É UM RELACIONAMENTO SAUDÁVEL? 139
COM AMOR... SEMPRE 145
AGRADECIMENTOS 153
REDES DE APOIO A MULHERES EM RELACIONAMENTOS ABUSIVOS 155

✣ INTRODUÇÃO ✣

O RADAR MAIS PRECISO DO MUNDO

Mais uma vez, você foi dormir chorando. Ou ficou no telefone com uma amiga, ouvindo-a repassar, ato a ato, uma briga que se repete toda semana com aquele cara que nem é tão legal assim, mas já foi um príncipe. Mais uma vez, você pensou: *Vou terminar.* De manhã, porém, repensou: *Ele não é tão ruim assim, mas é muito nervoso. Ele me ama tanto, apesar de ter esse gênio forte. Ele explode... E eu também não sou flor que se cheire. Sei que não sou fácil.* Quantas vezes essa ponderação passou pela sua cabeça, ou ouviu isso durante uma conversa com outras mulheres, na qual todas desabafam sobre as coisas que "todo homem faz"?

Sou psicóloga há mais de trinta anos, desde 1983, sempre atendendo majoritariamente mulheres e vivenciando suas dores e seus problemas. Eu, como mulher, já passei por muito daquilo que enxergo nas minhas pacientes. Também atuo no programa Casos de família, no ar desde 2004 no SBT, e nunca consegui me calar diante de mulheres que vivem relações desiguais e abusivas. Em todas essas frentes, aprendi uma lição: nós temos o melhor radar do mundo para entender se situações, pessoas e oportunidades são boas ou não. E já nascemos com ele. É o nosso coração, que sempre sabe se somos ou não felizes. Dependendo da ocasião, ele começa a apitar, mas nós abafamos o seu som com a desculpa de que precisamos nos sacrificar para ter uma vida ideal.

Na época em que fui convidada para falar sobre o que faz um amor ser saudável, lembrei que, na verdade, com o auxílio desse nosso radar, todas sabemos quando algo é bom ou não. O grande problema é que, durante nossos anos de formação, somos educadas a ouvir uma série de coisas antes de escutar o coração: "Ouça a sua mãe, a sua professora, a sociedade, o tio chato, o mercado de trabalho", tudo na expectativa de sair bem na foto, de ostentar a família margarina para as amigas. É tanta informação que o caminho para o coração, quando precisamos dele, torna-se pior do que um matagal. Não o encontramos mais. No entanto, ainda tem algo ali. E está apitando, apitando, apitando...

No fundo, você sabe se um relacionamento não lhe faz bem. Eu não preciso te dizer isso. Lembra aquela imagem que as pessoas compartilham na internet: "O homem certo mancha seu batom, e não o seu rímel"? Isso é parte do radar do coração. O que o seu coração diz se você mais chora do que beija na boca, se passa mais tempo do dia preocupada do que leve? Sente vontade de sair correndo? Isso é o seu radar te avisando: "Você está entrando numa roubada!". Você não apenas é ferida, mas se desculpa por quem a feriu?

Então, vamos direto ao ponto? O amor não dói.

O amor não foi feito para doer – algo que vou repetir muitas vezes, porque você precisa não apenas entender essa mensagem, mas se tornar uma embaixadora dela! Nós temos o maior radar do mundo e, também, o maior poder do mundo: ajudar alguém a sair de um relacionamento ruim, auxiliar a nós mesmas e a outras mulheres; aprender a ouvir o coração e a nos conferir valor, independência e liberdade.

Tenho a opinião de que fazer terapia é maravilhoso, mas acredito que buscar esse tipo de tratamento serve principalmente para recuperar o caminho até o radar interno, encurtando-o a fim de que decisões que não traiam o coração sejam tomadas. Quando nos vemos num relacionamento que está nos matando, em algum momento, decidimos mentir para o coração, calamos nosso radar e passamos a afirmar que tudo está bem. A terapia, então, abre nossos olhos e nossos caminhos internos.

Amor é sentimento, mas também é uma escolha. E você precisa se escolher primeiro. Estas páginas surgiram da vontade de oferecer ferramentas para que a leitora aprenda a optar por si mesma dentro das relações. Eu me dirijo sempre ao público feminino, porque a maior parte dos meus pacientes, seguidores e leitores é composta por mulheres – além de essas serem a arrasadora maioria da população que sofre abuso em relacionamentos amorosos. Este livro é dedicado a toda mulher que em algum momento da vida parou de escolher a si mesma, mas entende a urgência de mudar de direção.

Do mesmo jeito que não ensinamos às mulheres que o amor é uma escolha, falta dizer que o relacionamento é uma troca. E em toda troca tem que haver proporção. Pense no que você entrega naquele relacionamento e no que recebe de volta. Quantas vezes você chora? Quantas vezes se sente triste, desmotivada, sozinha? Tem medo de ser abandonada e passa tempo demais se prevenindo contra essa possibilidade? Mede as palavras, sai menos de casa, deixa de usar uma roupa de que gosta, um batom forte? Será que você não está levando longe demais algo que já acabou, que claramente não existe mais porque não há troca, tudo porque te ensinaram que o fim do relacionamento é um fracasso?

Eu não falo isso para você sentir vergonha de si mesma. É muito comum permanecer num relacionamento falido porque sair dele parece significar que você fracassou – afinal, tudo dependia de você. Faz parte das mentiras que nos contam acreditar que é papel da mulher trabalhar para que aquilo dê certo, que ela "faz" o homem, a relação. Era só uma questão de abaixar o volume da música, né? A música da sua personalidade está tocando alto demais, por isso ele se irrita tanto e critica tanto.

Ser melhor, mais fácil de lidar, mais cordial, mais compreensiva com as falhas dele... não foi isso que ensinaram? Que mulher aguenta muito mais? O medo que se sente de sair de uma relação é consequência de anos escutando tudo isso. E, acredite, é uma baita mentira afirmar que estar num relacionamento é sinal de sucesso, ou que você foi feita para aguentar sofrimento. Nenhum ser humano nasceu para sofrer. E relacionamento em que não há troca não é relacionamento.

A gente precisa saber o que merece. Você sente que é digna da felicidade, ou acha que merece um relacionamento a qualquer custo? Para você, felicidade é ter todos os itens da *checklist*: emprego, casa e maridinho? Nós somos felizes apenas quando nos casamos? Vejo mulheres independentes, bonitas, seguras em tantas áreas da vida, mas se sujeitando a relacionamentos desiguais.

O RADAR

Você pode não entender ao certo o que há de errado com aquele homem, que é o genro que sua mãe sonhou, mas o radar está apitando. Pode ser que ele seja muito bonito, ou muito bem-sucedido, ou muito charmoso no começo da relação – e mais charmoso ainda na frente dos outros. No entanto, você sente que está sofrido. E, como não pode fazer que seja bom o que parece perfeito no papel, você finge. É nesse momento que entra o radar, que é importantíssimo. Só você está na sua pele para compreender, e pode não saber explicar, mas SENTE que não está bom.

Permanecer em um relacionamento que a faz chorar mais do que sorrir é uma limitação interna, é uma limitação SUA, e não do homem. Quantas vezes vemos mulheres maravilhosas que não conseguem largar uma porcaria de homem? Os amigos começam a se afastar, até a família tenta ajudar, mas aos poucos perdem a paciência. E voltam os ditados populares sinistros, como: "Mulher de malandro gosta de sofrer". Mais mentiras que só servem para nos manter servas. Se a mulher quiser, ela pode fugir. Por que, então, ela não faz isso?

Muita atenção: este não é um livro sobre o abusador. Não vou me dedicar aqui a falar e repetir o que todo mundo já sabe: esse cara está errado, é monstruoso e precisa ser denunciado e enquadrado na lei. Qualquer homem que agride uma mulher tem de ser denunciado. Mas estou cansada de ser acusada de "passadora de pano" por direcionar meu discurso para a mudança das mulheres. Tendo esclarecido que acredito que o abusador deva ser punido (e, inclusive, reintegrado à sociedade por meio de terapia, já que foi a sociedade doente que criou essa dinâmica), quero que daqui para a frente a gente fale de quem importa: a mulher que não identifica essa situação e não consegue sair dela.

Nos próximos capítulos, você vai encontrar as razões pelas quais se deixou abusar. E isso não é colocar a culpa na vítima. Obviamente, ele é um criminoso, e para sempre vamos lutar por meios legais e apoio psicológico para quem sofre abuso, mas aqui, hoje, no campo de atuação que este livro me permite, não quero gastar páginas para falar de abusador. Minha intenção é abordar quem está do outro lado. As únicas coisas que protegem mesmo uma pessoa de um relacionamento violento são a mudança e a prevenção; é ir embora para deixar quem lhe faz mal, é ter consciência de si e amor-próprio. Porque só a vítima pode dar o primeiro passo para falar sobre isso, denunciar, seguir em frente com a separação.

O que protege uma mulher é a capacidade de mudar.

O que protege você é a *sua* mudança.

O amor não dói se propõe a fazer você enxergar o seu poder de escolha, persuasão, personalidade, superação e, principalmente, entendimento. Se a pessoa não entende o que está acontecendo, ela não sabe agir. O que você acredita a respeito de si mesma? Quais são as suas crenças? Achar que não pode fazer nada para mudar o rumo da sua vida é uma crença sem fundamento. Você *só pode* mudar, só pode tentar de novo, e pode fazer isso sozinha.

Eu sei que é difícil terminar um relacionamento, porque sempre é muito intenso quando sofremos, e isso se torna tão forte que parece que ninguém nunca mais vai destinar tamanho sentimento para nós. Já me criticaram muito por me direcionar para a mulher, dizendo-me que eu responsabilizo a vítima e que a mulher não consegue se desvencilhar disso. E que não adiantaria eu falar: "Saia disso". Sinto afirmar, porém: a responsável pela sua vida é você, sim. A gente nunca pode desistir de fazer o certo. Eu acredito que toda situação de abuso tem solução: a *sua* solução, a sua caminhada para longe daquilo.

Jamais vou aceitar alguém que me diz: "Você precisa entender que essa mulher não consegue sair dessa situação". Querem que eu tenha paciência e acolhimento para que ela saia em um caixão? Não mesmo. Venha comigo nesta jornada com o compromisso de não achar normal relacionamentos que são desproporcionais, principalmente se a desconfiança cair sobre a sua própria situação. Na dúvida, prometa para mim que vai se lembrar: o amor não dói.

Porque, no fundo, você já sabe. Sempre soube.

❖ CAPÍTULO 1 ❖

NOS ENSINARAM QUE O AMOR CUSTARIA CARO
(A MULHER/VISÃO DE MULHER)

"A mulher faz o homem."

Vamos falar de uma personagem fictícia, mas que com certeza você conhece. Maria Júlia tem um namorado há dois anos, Otávio. Ela é uma mulher maravilhosa, trabalhadora, que está sempre tentando melhorar. Vai para a pós-graduação à noite, duas vezes por semana, faz curso de Inglês, tenta juntar dinheiro, faz academia, leva a marmita saudável para o trabalho, e ainda encontra tempo para os pais e o namorado. Otávio apenas trabalha, e se cansa muito. Não cuida do corpo, se alimenta mal, vive de *delivery* porque não tem pique para cozinhar de noite, mas faz piada quando ela comenta sobre isso. O rapaz tem algumas crises de ciúme quando a namorada não pode estar com ele à noite durante a semana por conta da pós ou do trabalho, e sempre esquece pratos, copos ou roupas pela casa, que Maria Júlia – já que não custa nada (e apesar de não morar com ele) – passa recolhendo e deixando na pia, para que a faxineira de Otávio lave. No fim do ano, ela compra os presentes de Natal para a família dela e para a dele, sempre se lembra de todos os aniversários e se sente culpada quando passa tempo demais sem se dedicar ao relacionamento, sem fazer aquele jantar caprichado e abrir um vinho; estar presente sem olhar para o celular. Já Otávio, tranquilamente, não marca nada com ela se tiver um jogo de futebol importante para ver no meio da semana, mesmo se a moça estiver passando por um momento profissional que não a permita sair em outros dias, e já aconteceu de ele esquecer o aniversário dela. Para tentar remendar a situação, Otávio comprou um presente e o entregou sem embrulho, e ela fingiu que acreditou que o namorado achou melhor dá-lo assim. Maria Júlia sonha em se casar ainda no ano que vem, porém ele desconversa. Ela gosta muito dele, mas ele às vezes some e quando reaparece é para reclamar das cobranças dela, dizendo que precisa de espaço, que já se cansa demais no trabalho e não necessita de mais pressão. Para que os dois estejam juntos, Maria Júlia acha que algum esforço é natural. Otávio, por sua vez, não se esforça para ficar com ela (somente se não tem nada importante para fazer).

Veja bem, Otávio não grita com Maria Júlia nem encosta o dedo nela, mas também não a apoia, não reconhece o que ela faz e não trabalha por esse amor com a mesma dedicação que a parceira. É um relacionamento claramente desproporcional e absurdamente comum. Todas nós conhecemos, somos ou já fomos a Maria Júlia de uma relação. Mas por que raios uma mulher acharia esse relacionamento desproporcional, em termos de investimento e esforço, um bom namoro e algo com futuro? É muito simples: porque nossa socialização naturalizou o esforço feminino quando falamos de relacionamentos. Aprendemos que é papel da mulher trabalhar pela relação, para que ela dê certo. Minha mãe já dizia: "A mulher faz o homem". E quem não escutou uma bobagem dessas em algum momento?

"Uma mulher sozinha é sempre triste", você já escutou isso (e eu também) mil vezes. Eu, assim como qualquer mulher, não apenas escutei, mas também vivenciei os olhares dos outros sobre mim ao me sentar à mesa num restaurante chique, desacompanhada, para jantar, para ter um momento comigo, ou ao viajar sozinha para um lugar romântico a fim de relaxar. Muitas mulheres sequer tentam fazer o mesmo, porque já antecipam o julgamento sobre a sua solidão. Aprenderam que, se não estão acompanhadas, existe algo de errado com elas.

Em trinta anos como terapeuta atendi, na maioria, mulheres que tinham no centro de suas vidas a preocupação de estar em um casamento. Não necessariamente um casamento saudável, mas ao lado de alguém que seria a referência para uma base da vida, a quem pudessem se dedicar e com quem formariam uma família, para serem protegidas. Apesar das ondas de empoderamento feminino na mídia, muitas mulheres procuram um bom relacionamento ou tentam fazer seu relacionamento ser "perfeito". Mesmo na época em que vivemos, no meu canal do YouTube os vídeos sobre como conquistar um homem costumam ter o dobro de visualizações em relação a qualquer outro tema. E olha que lá eu falo de coisa pra caramba.

O hábito de colocar a vida amorosa no centro de tudo é reflexo da socialização feminina, que, ao longo dos séculos, foi deixando a mulher em segundo lugar. Tudo que é universal é masculino (veja a nossa língua portuguesa, que se refere às pessoas no plural sempre no masculino). Enquanto isso, as mulheres existem simbolicamente em relação ao homem, não sozinhas. Você existe em comparação ao ser humano universal, que é masculino. Isso vai se desdobrando na nossa sociedade até chegarmos ao indivíduo mulher, que internaliza que a vida dela de fato só se inicia se tiver alguém ao seu lado. Desde muito novas, escutamos: "Quando tiver a sua família, aí você terá a sua casa, a sua vida". No entanto, sempre vale questionar: a vida que você leva agora já não é sua, por acaso?

A romantização do relacionamento estável vai além da orientação sexual, porque mesmo uma mulher lésbica pode nutrir fantasias românticas de que só será completa quando tiver um par. Essa crença é majoritariamente feminina, uma vez que os homens são socializados a pensar em si mesmos como completos, donos de seus destinos, cheios de projetos e com a possibilidade de encontrar a realização pessoal no trabalho e naquilo que produzem.

Para um homem, não necessariamente ser casado será sinal de sucesso, enquanto para uma mulher isso é obrigação. Você já viu alguém reforçar que uma mulher sozinha, porém extremamente bem-sucedida, é feliz? Pois é. Muitas mulheres já me disseram que preferiam casar e se separar a ficarem solteiras.

Enquanto isso, um homem nas mesmas condições é aplaudido e celebrado, sobre quem as pessoas vão dizer: "Ele sabe o que faz, está ganhando o mundo". A nós, o ideal seria casar e ganhar as paredes da casa. Parece pouco perto do mundo, não?

Essa é a primeira lição sobre relacionamentos abusivos: eles nascem da crença de que somos incompletas sem alguém, de que nossa vida não começou plenamente antes de formarmos uma família, de que é triste uma mulher envelhecer sem um casamento ou sem um filho. "Você vai se arrepender no futuro", dizem as mães. "Quem escolhe muito acaba escolhida!" Entraremos na terceira década deste século e uma mulher ainda vai chegar a uma festa de família e ser questionada se não levou um namorado, marido ou se não vai providenciar um filho, porque os três pós-doutorados em Harvard que ela tem são apenas uma distração antes de embarcar na sua real missão de vida: ser mãe de família.

A segunda lição é que a tendência a embarcar num relacionamento abusivo nasce também do medo do abandono e da falta de repertório sobre relacionamentos saudáveis. E isso é importante demais e merece um pouco mais de explicação. Vamos lá.

VOCÊ TEM REPERTÓRIO SOBRE O QUE É UM RELACIONAMENTO SAUDÁVEL?

Amor não é algo que a gente "encontra", e sim que se constrói, e só é possível construir um amor saudável se você souber como ele *funciona*, como aquelas pessoas se tratam, quais limites elas respeitam, como convive um casal que sabe amar. A maioria dos indivíduos veio de lares muito conflituosos, porque é bem recente essa conversa sobre relacionamento saudável e até sobre cuidar da saúde mental. Diversos são os filhos de pais que precisavam de terapia e fingiam que nada estava acontecendo.

Dessa forma, grande parte das pessoas foi adestrada dentro do modelo de amor e relacionamento que vivenciou em casa. O relacionamento em família provavelmente ensinou que o amor exigia esforço, ou que envolvia sofrimento, condições para existir, exigências, abandonos e até violências. O tipo de laço afetivo praticado na sua infância por aqueles da sua convivência se torna o jeito como você aprendeu a amar. Você pode até ganhar a consciência do quanto os laços familiares podiam ser abusivos, mas o fato é que aquela foi a gramática do amor que lhe ensinaram, esse é o idioma que você vai falar até aprender outro.

É como a mulher que passou a infância vendo a mãe se descabelar durante o dia antes de o pai retornar do trabalho. Ela gritava, brigava, levava os filhos com rigidez, não aceitava bagunça, estava sempre limpando tudo e cozinhando para, quando o cara chegasse, fingir que era boazinha, falar baixo, mostrar que estava tudo perfeito. A criança não via nem entendia, mas podia sentir o medo que a mãe tinha de desagradar o marido, e aos poucos aprendeu que no amor você não pode ser você mesmo, ou vai desagradar. Precisa atuar, porque o outro não vai ter como te amar se você se apresentar como é. Aquela criança aprendeu também que amar é servir ao outro, é fazer de tudo para que ele não reclame. Quando crescida, ela pode não esperar o namorado com a casa limpa e o jantar feito, mas internalizou isso na forma de nunca reclamar sobre o que a desagrada. Não quer que ele se estresse ou pense que ela não está feliz. Sofre calada quando o rapaz a magoa, ou não demonstra que quer ou precisa de mais carinho, atenção ou apoio. Seu jeito de agir causa a impressão de que ela se contenta com tudo. Porque, afinal, o amor é o esforço oferecido ao outro, sem demonstrar insatisfação, como aquela mãe, que só gritava com os filhos e sorria para o marido na hora do jantar. Perceba que isso mostrava para essa criança, desde muito cedo, que o homem é o ser mais forte, que precisa ter suas vontades respeitadas, e a mulher é o ser inteligente e abnegado porque sabe como levar a relação. E isso ensina a filhos e filhas os seus futuros papéis.

É comum ouvirmos que a mulher que sabe "levar o homem" é inteligente, não bate de frente, fala tudo que sim e faz do seu jeito, mas fica claro que suas vontades, desejos e opiniões só podem existir na clandestinidade, às escondidas. Por quê? Qual é o problema em discordar, caso ela tenha uma visão diferente?

Esse adjetivo, "inteligente", cheira a prêmio de consolação, a uma pitada de superioridade diante de toda inferioridade a que as mulheres são submetidas.

Existem milhares de exemplos de relacionamentos saudáveis, mas a essência deles é a seguinte: construímos o amor que sabemos que existe; se não vivenciamos o amor saudável, teremos muita dificuldade de identificar um parceiro saudável, nos interessar pelo que ele tem para oferecer e construir com essa pessoa laços de parceria e liberdade.

PRECISAMOS FALAR DO MEDO DO ABANDONO

O medo do abandono também é um elemento importante na formação emocional da maioria das mulheres. Em um país com mais de 6 milhões de indivíduos cujo nome do pai não é mencionado no registro de nascimento, o abandono é uma constante na vida das crianças. Os pais que ficam, infelizmente, muitas vezes são ausentes, frios, distantes ou simplesmente não cumprem com as suas obrigações, nem mesmo as financeiras. São inúmeros os casos de pais que, após a separação, esquecem que o filho também é deles, desaparecendo da vida da criança ou priorizando a nova família que formaram. Um dos inúmeros reflexos do machismo na sociedade é a falta de responsabilização dos homens sobre os filhos. Eu poderia escrever um livro inteiro a respeito disso, mas o que importa para a nossa conversa é que o medo do abandono que a maioria das mulheres tem é consequência da soma dos seguintes fatores: 1) a noção de que uma mulher sozinha praticamente não existe; 2) diariamente, inúmeras delas são deixadas quando mais precisam do parceiro; 3) crianças são abandonadas pelos pais. O medo do abandono se mostra quando ouvimos ameaças em tom de conselho: "Você vai ficar sozinha se não melhorar" – uma constante da linguagem afetiva pobre transmitida pelas famílias.

"Mas e os meninos?", você pode perguntar. "Eles não são afetados pelo medo do abandono?" Claro que são! Quando essa criança abandonada ou ameaçada de abandono é um menino, passará por uma socialização agressiva, que não dá vazão aos sentimentos, e pode ser tão opressora que gera um novo abusador, um homem que não sabe amar, se comprometer ou confiar. Quando se trata de uma mulher, vai ensiná-la lições sombrias sobre o amor, tais como: o sofrimento está envolvido nos laços afetivos; o relacionamento precisa dar certo ou ela fracassou como ser humano; sacrificar-se para manter o relacionamento é normal e até desejável. Imagine o que sai dessa mistura?!

O relacionamento dos pais vai educar a mulher sobre que tipo de amor ela merece. Há mulheres predispostas a sofrerem abuso porque são codependentes, ou filhas de mães narcisistas, pais alcoólatras, provenientes de dinâmicas que as fizeram ver o amor de uma maneira torta, enviesada, equivocada. Aí o relacionamento pode ser uma merda, mas pelo menos é uma merda garantida (e vocês me desculpem o linguajar, mas a palavra é essa mesmo). Aquela mulher *sabe* que está vivendo um relacionamento ruim, porém garantido. E como é uma merda conhecida... continua com aquele cara. Aquilo lhe é familiar, com o que ela sabe lidar, então é melhor do que permanecer sozinha e encarar o desconhecido. E por quê? Porque ela engole tudo, dizendo a si mesma que está no controle. Ela se convence de que pode dar certo: "É só eu não fazer nada que vá irritá-lo senão ele desconta em mim". Basta não sair de casa naquela noite, ou não falar de dinheiro. Ela vive segurando uma granada na mão, que vai explodir a qualquer momento. Por que alguém ia querer isso? Ela não sabe, mas via a mãe com a granada na mão, e a avó, as tias, as primas. O que mais existe além desse trabalho imenso de manter o relacionamento em pé?

Inúmeras mulheres que vivem uma situação de abuso desenvolvem síndrome do pânico, têm depressão ou ansiedade, porque não dão conta de tanto lixo emocional que é posto "sob controle". Viver com tudo isso dentro delas é humanamente impossível!

A mulher não faz o homem, nem o relacionamento. Desde muito cedo, somos socializadas para cuidar do outro e atendê-lo, priorizando nossos relacionamentos afetivos acima de tudo. Não por acaso, recebemos bonecas como brinquedo principal, tornando-nos cuidadoras até no mundo da ficção, entendendo que nossa função é essa.

Ou o relacionamento é construído a quatro mãos ou essa construção desaba (e rápido). Os relacionamentos antigos construídos apenas pelas mulheres eram relações baseadas, em grande parte, na balança de poder que colocava o homem em vantagem, por deter os meios de sobrevivência. Essa não pode mais ser a realidade, e a mudança começa primeiro na tomada de consciência. Mas isso é tema para o próximo capítulo.

✤ CAPÍTULO 2 ✤

O AMOR NÃO É UM CONTO DE FADAS. É UMA SÉRIE

"Você merece um príncipe."

Se você acredita que os contos de fadas não têm nada a ver com a formação afetiva da mulher, tire uns segundos e pesquise no Google: "festa de casamento".

Procurou? Pois é!

A indústria de casamentos permanece intacta em plena crise econômica! Vestidos de princesa, bolos de sete andares, daminhas de honra, pré-eventos, ensaios fotográficos. Mesmo mulheres independentes, com estudo e carreiras em ascensão, ainda querem ser princesas com a fotografia do dia mais feliz de suas vidas. Tudo bem, elas não se imaginam sendo submissas, mas têm em mente um momento de final de novela: um casamento e um filho, sendo feliz para sempre ao lado do companheiro. Na mente feminina, em sua maioria, a imagem da vida ideal é bem mais tradicional e não acompanha a independência financeira atingida pela mulher.

Vejo três problemas muito básicos na criação cuja base são os contos de fadas, perpetuada com toda a força pelas novelas: primeiro, a noção de que existem príncipes e princesas; segundo, o pensamento de que a mulher sozinha não resolve a própria vida; e, terceiro, a ideia de que o "felizes para sempre" é o final da história. Todos os três são um terreno tóxico para a nossa vida emocional e, com um histórico familiar de relacionamentos desiguais, fazem a nossa sociedade estimular relacionamentos desiguais e fechar os olhos para os relacionamentos abusivos, incentivando-os por suas crenças e práticas.

PRÍNCIPES E PRINCESAS

A maior prova que eu tenho de que mesmo as mulheres mais independentes ainda caem na armadilha da história de princesa são as minhas redes sociais. Sabe como eu poderia ganhar muito dinheiro? Se todo o meu conteúdo fosse sobre como conquistar um homem, pois a única vez que gravei um vídeo abordando esse assunto tive mais de 1 milhão de visualizações. Enquanto isso, temas a respeito de amor-próprio, relacionamento entre pais e filhos, autonomia recebem menos de um terço dessas visualizações.

No fundo, as mulheres ainda acreditam em príncipe encantado, e querem caminhos rápidos para chegar a esse final feliz. E pior ainda: creem que conquistar é a parte mais importante do relacionamento, sendo que a conquista é só o começo. A verdadeira batalha está em manter anos de amor, em aprender a ter intimidade e crescer com o outro. Amor não se encontra, se constrói.

Nos contos de fadas aos quais crescemos assistindo ou ouvindo, tanto o príncipe quanto a princesa são seres humanos moralmente perfeitos, bondosos, lindos de morrer, que se amam sem o menor esforço. O amor deles veio pronto. A princesa corre perigo e é salva pelo príncipe, por quem está sempre imediatamente interessada. A mãe dele nem aparece, a moça não tem sogra, e ele não sai para o *happy hour* do trabalho, deixando-a nervosa porque chegou tarde. Na verdade, o relacionamento dos dois nem é retratado. Eles enfrentam grandes dificuldades para ficarem juntos, mesmo muitas vezes sem se conhecer, e estão predestinados.

Na vida real, príncipes e princesas existiram – e em alguns países ainda existem. E sabe como eles se casavam? Por meio de acordos comerciais e políticos entre os territórios, selados por seus pais e pelos conselheiros do reino. Toda vez que lhe passar pela cabeça a fantasia de ser uma princesa, com aquele vestido de casamento que parece um bolo decorado, aproveite para lembrar que a princesa era vendida pelos pais a um estranho e passava o resto da vida trancada no castelo. Ele ia guerrear; ela ficava enclausurada. Na maioria das vezes, a princesa ainda era uma criança e se casava com um príncipe muito mais velho, engravidava e ficava lá, com os filhos e as damas de companhia, às vezes por anos e anos sem sair, sem o direito de escolher nada na própria vida. O romantismo nos fez acreditar que ser princesa era um grande negócio, mas era um modelo de amor que não tinha liberdade, vontade e nem mesmo... amor.

Enquanto eu escrevia este livro, o mundo vivenciou algo nunca visto: depois de uma história digna de contos de fadas, a atriz Meghan Markle e o Príncipe Harry da Inglaterra, casados desde 2018, anunciaram que estavam abrindo mão de seus postos reais para poderem ter uma vida mais livre, buscando seu próprio sucesso e preservando a sua intimidade. Na época do casamento, os tabloides foram à loucura. Por ser uma princesa, diziam, ela havia atingido um nível superior de realização e "nunca mais veria um boleto na vida". No entanto, parece que ter a vida "resolvida" por um bom casamento não é tão fácil assim.

Os contos de fadas como conhecemos nascem dessa distorção histórica, porque não representam a vida dos príncipes e princesas de verdade, apenas a romantizam. Assim como as novelas, que não representam a vida real, pois mostram somente o que há de mais dramático no mundo dos personagens. Ninguém assiste à novela para vê-los escovando os dentes, indo ao trabalho, esperando o peito de frango descongelar. Seria chato e monótono... como a nossa vida. E talvez por isso pareça que nossas histórias de amor não são assim, tão arrebatadoras. Daí buscarmos esse arrebatamento em um amor que exige esforço, lágrimas e algumas brigas por motivos idiotas.

Sou mãe de uma menina (que hoje é uma mulher), mas lembro bem quando ela era pequena e eu achava muito injusto ter que lhe comprar Barbies, porque a aparência daquelas bonecas não tinha nada a ver com o físico da minha filha e das pessoas com quem ela convivia. Na vida da mulher brasileira você é formada pela Barbie vendendo uma mulher que não existia fisicamente, e o conto de fada vendendo uma mulher que não existe emocionalmente. Porque a princesa praticamente não existe, ela é uma ferramenta para a história, sem desejos, aspirações ou sonhos que vão além de casar com o príncipe.

Como resultado, muitas ainda buscam o homem que vai salvá-las da vida que vivem hoje, que vai ser perfeito, gentil, provedor, cavalheiro. Eu sei disso, pois estou todos os dias conversando com mulheres e as atendendo. E isso não existe. O amor é cego só quando a gente não quer enxergar algumas coisas, e diversas mulheres forçam o modelo do príncipe em um homem normal. O príncipe, então, vira um sapo, mas elas fingem que não veem, porque não aguentam a frustração de ter depositado tanta expectativa no relacionamento e ele não sair do jeito que queriam. Um santo conselho que dou é parar para ver o pacote todo, e não só aquilo que convém. Qualquer pessoa tem características boas e ruins.

O príncipe, além de ser fundamentado na ideia da perfeição, oferece momentos de muito drama. Porque, convenhamos, um cara legal provavelmente será alguém rotineiro, com defeitos, que às vezes irrita um pouco e que não fará grandes gestos públicos para manifestar o quanto gosta de você. As ações dele, porém, diariamente indicarão esse amor e compromisso. O legal vai expressar com consistência, todos os dias, que ele é digno da sua confiança, comparecendo a almoços de família, escutando seus anseios sobre o trabalho, buscando o leite antes de ir para casa porque percebeu que acabou o que estava na geladeira. Muitos homens que vemos cobrir a casa de flores ou fazer grandes demonstrações públicas de afeto estão, na verdade, pedindo desculpas por seu comportamento abusivo, ou são narcisistas. Que emoção oferece o cara que todos os dias vai trabalhar e só quer cuidar da família? Por isso aquele ditado popular afirma que mulher não gosta de homem legal, mas eu digo que é muito óbvio isso, e nem é culpa da mulher. Se ela não aprendeu com a família o que é um cara legal, e foi adestrada por contos de fadas para acreditar que o amor vem acompanhado de dificuldades e momentos de tensão, o que podemos esperar? O amar saudável não está nas histórias de ficção, porque daí não haveria arco narrativo para fazê-la continuar assistindo ao filme ou lendo o livro. O amor saudável não tem aventura alguma, mas é ele que faz você construir uma trajetória boa e pacífica, porque de drama e perrengue a vida já está cheia.

A MULHER PRECISA SER SALVA?

Eis o segundo problema com os contos de fadas: eles servem para reforçar a passividade e a fragilidade como características desejáveis numa mulher. Neles, a mulher ou está num castelo e mais nada, ou está desmaiada, ou presa num quartinho, ou fazendo algum tipo de limpeza. Não trabalha, não sai para caçar, nem pergunta para o príncipe o que ele achou do resultado das eleições. Sem opinião, espera o movimento dele: literalmente, algo medieval que não existe mais.

A criação pelos contos de fadas também acaba nos ensinando que a mulher é naturalmente mais emotiva, sensível, generosa, paciente – o que é confundido com "ter que aguentar tudo em nome de um relacionamento". Ela precisa superar as dificuldades e os sofrimentos como uma boa menina, e escuta desde adolescente frases com a seguinte linha: "Homem é assim mesmo". Cresce acreditando que ele pode ser grosso, insensível, folgado, sem noção, e que não é preciso criar conflitos por conta do jeito dele. Se mudar de parceiro, só vai mudar de problema, então é melhor permanecer quieta e valorizar os pontos positivos daquele que está ao seu lado. Como uma vaquinha de presépio. Se você é uma vaca de presépio, já vou dizendo: o cara não ama você, mas, sim, uma extensão do ego dele, porque você não tem querer! E, pasmem, essa falta de personalidade é uma das desculpas que alguns homens usam para trair, porque você se tornou desinteressante ao fazer tudo para agradá-lo!

As novelas e os contos de fadas também fazem você abrir caminho para se comprometer com qualquer um que minimamente se aproxime daquela imagem idealizada do príncipe, do perfil de protagonista – no caso de você estar sozinha, e o seu objetivo de vida for encontrar o amor.

É quando esperamos ser salvas que começamos a ignorar os indícios iniciais de que aquele não era um relacionamento bom (e eles sempre aparecem). Damos desculpas e não enxergamos o cara, não importa o que ele faça. As mulheres tentam ajustar o parceiro ao sonho idealizado, mas, ao forçarem a barra, não veem a pessoa que está ali e passam por cima de toda e qualquer vontade que tenham para atender ao ideal romântico. Elas, então, se anulam até não saberem mais quem são, por isso permanecem em um relacionamento que só as faz chorar e se questionar se são boas o suficiente. Na verdade, a mulher é um diamante, tem muitas facetas, muitas vontades. Ela pode querer um relacionamento e ser feliz nele, mas a esfera do desejo feminino é muito maior do que só pensar em amor. A mulher não sabe o valor que tem, e a cultura ensina que quem vai valorizá-la é o homem.

A necessidade de salvação nos impede de nos inserir numa relação, de falar o que nos agrada e o que nos desagrada, de nos colocar como ser humano completo. Assim como não existem príncipes, nós também não somos princesas. A gente tem muito defeito, e saber que cometemos erros nos aprimora, é saudável. Todas as pessoas com quem esbarramos na vida vão apresentar incongruências, dúvidas. Não há perfeição, exatamente como você, e o amor será construído, mas não deve ser dramático ou sofredor. Relacionamentos precisam ser reais. Em vez de buscar um homem perfeito, procure saber por que você quer alguém que seja apenas solução. Saiba que isso não existe. A sacada é ir atrás de alguém que seja construção. Nos contos de fadas existe a mulher má, impiedosa, a madrasta, a bruxa malvada, que ousa querer dominar a todos, inclusive o rei, o príncipe, por isso ela é má e deve morrer. É o preço que ela paga por se comportar como... um homem.

A princesa é linda, não precisa se depilar, não é um ser humano que menstrua e sente cólica, não vai no banheiro. Ela é uma boneca dócil e B O A Z I N H A! Que maravilha, não é mesmo? Maravilha para quem?

E FORAM FELIZES PARA SEMPRE? PARECE UM POUCO VAGO

Chegamos ao terceiro incômodo, e sinto que já falei sobre ele ao longo de todo este capítulo. Novelas, livros, romances, contos, todos terminam com a ideia de que aquele casal, agora que finalmente ficou junto, se casou, foi feliz para sempre. Nós somos educadas lendo sobre esse processo de conquista distorcido, porém sem nem uma palavra ou cena a respeito de como é um relacionamento: as negociações do dia a dia, as mágoas que tiram parte do romantismo e que precisam ser superadas, momentos de se despir do ego para conseguir compreender o outro.

Na ficção, o fim da história é o começo do relacionamento. Que coisa mais cruel. Porque temos poucas referências do que é um relacionamento bom, de como um casal saudável resolve uma divergência, de como manter quem você é dentro do relacionamento sem se perder na vontade do outro.

Não existe o "foram felizes para sempre". Até o último minuto da vida, você estará trabalhando pela sua felicidade, revendo se aquela é a escolha certa, resolvendo pequenos e grandes problemas. É sempre um novo começo. E a mulher não é desequilibrada ou emotiva demais. Na verdade, ela é ainda mais racional, porque procura terapias, livros, busca sempre mais entendimento sobre como lidar com seus sentimentos do que o homem. Por exemplo, existe a crença popular de que mulher quando é abandonada fica doida, sendo que mulheres são abandonadas o tempo todo, e dificilmente matam o parceiro (claro, existem exceções). Em compensação, as estatísticas de feminicídio nos mostram o que é descontrole diante de um término! Então, desfaça a noção de que você é sensível demais para pensar seu relacionamento racionalmente. A abordagem que você precisa adotar para pensar no relacionamento é como a do homem: "Isso aqui me ajuda a chegar aonde eu acho que mereço? Esse namorado, esse marido, está ativamente me ajudando, me estimulando a ser a mulher que eu quero ser, a profissional que quero ser, a amante, a pessoa?". Se obtiver respostas negativas, se priorize.

Autopriorizar-se significa precisar mais do que o "felizes para sempre". Você merece estar PLENA em todas as áreas da vida.

O amor não é uma novela, não é um conto de fadas. É ou uma série de TV, daquelas que que duram décadas, cujos produtores avaliam como foi a temporada anterior, fazem uma projeção do que pode ser mudado e inovado para a próxima e seguem por mais um ano, sempre recalculando a rota. Não existe final feliz, existe apenas a próxima temporada.

CAPÍTULO 3

O AMOR É LIVRE

"Ah, mas eu confio em você... Eu não confio é nos outros."

Você já ouviu conversas desse tipo: "Ah, o Renatinho é tão louco pela Bia. Não consegue lidar bem quando vê outros homens falando com ela. Ele sabe que não é culpa dela, mas dá pra ver ele ficando vermelho, perdendo a razão. Sempre dá confusão; ele gosta demais dela".

Quem nunca ouviu uma coisa dessas? E achou normal? E achou fofo?!

Existem muitos lugares lindos pelo mundo, nos quais há pontes que são pontos turísticos para casais apaixonados. Talvez você já tenha visitado algum deles, ou pelo menos visto a foto desses locais. Os casais que vão a essas pontes deixam nelas um símbolo do seu amor: um cadeado com as iniciais dos dois. Um cadeado! Tem coisa mais horrível do que se trancar no outro?

Essa simbologia de ter que amarrar o outro torna o ciúme algo suave e talvez até desejável. Por que o amor envolveria possuir o outro? Eu acho que a gente pode possuir muitas coisas: a admiração do companheiro, o encantamento, o amor, o carinho, mas a pessoa estar presa a você já não é saudável.

Infelizmente, a mulher aprendeu que ciúme é sinal de amor, e muitas acham que quanto mais ciumento o homem é, mais elas são amadas. Mais alta está a cotação delas no mercado. Disputadas. Irresistíveis. De novo, aquele discurso da mídia da mulher que "vira a cabeça do homem". Consigo dizer com alguma propriedade que ataques de ciúme são o primeiro teste que um abusador faz para saber até onde ele pode ir.

Hoje são reconhecidos cinco tipos de abuso pela Lei Maria da Penha: psicológico, moral, sexual, físico e patrimonial. Na maioria das vezes, a violência se inicia pela psicológica, e só com ela já é possível fazer uma denúncia. Essa violência é a mais difícil de perceber, e a que mais abre portas para as outras. O ciúme e o jeito como o homem lida com ele são sempre o primeiro teste para ver se você vai permitir esse tipo de comportamento abusivo. E muitas vezes permitimos, por ingenuidade, carinho, por uma noção distorcida do que é amor. Permitimos porque nunca esperamos maldade de quem nos faz carinho, e daí é melhor nos contar a mentirinha de que ele quer o nosso bem, mas age daquele jeito porque tem dificuldades em lidar com o ciúme.

O abusador testa a temperatura da água com você a partir do ciúme, e vai fazer a sua leitura a partir disso: se você impõe limites, se se respeita, ou se fica mansinha, desculpando-se por algo que não é culpa sua, tentando fazê-lo se sentir melhor, como se você tivesse alguma obrigação ou poder para isso.

O primeiro sinal do abusador é a manipulação, isto é, ele não vai falar explicitamente o que está acontecendo. É aquele homem que, do nada, numa festa com a namorada, fica invocado, distante, emburrado. Que mulher nunca viveu isso? Ele fecha a cara e você ali, ainda encantada no começo do relacionamento, toda preocupada com seu amorzinho, pergunta-se: *O que será que pode ter acontecido para irritá-lo assim? O que eu posso fazer por ele?* Você quer resolver, quer fazer tudo ficar bem de novo, e, inclusive, demora a ver que está envolvida na situação, até ele (às vezes, depois de horas) anunciar que foi perturbado por um ciúme que não foi desencadeado por sua culpa, mas cujo peso você sente cair integralmente nas suas costas. Engraçado, né? Nesse momento, ele entende que você não se prioriza. Há mulheres que terminam o relacionamento ao obterem esse primeiro sinal. No entanto, aquelas que começam a ceder vão mostrando que ele pode ir mais longe nas exigências quando der o próximo chilique. Elas estão pisando em cima do alerta; eles, por sua vez, acham que estão abafando e às vezes até podem pensar: *Homem não sabe por que bate, mas mulher sabe porque apanha* – outra pérola do repertório machista.

A mulher que não tem um forte senso de autoamor vai permitindo que o ciumento se sinta confortável em pedir mais.

Uma reação de amor-próprio seria perguntar, na hora em que você percebe a situação (e sem se responsabilizar pelo sentimento do outro), se tem algo de errado, o porquê de ele ter se fechado assim, pois você não merece passar uma noite ou uma festa nesse clima. Avisar que, se ele não quer falar o que está incomodando e não quer ser mais agradável, está sendo deselegante *com você*, e que sabe que ele não faria isso com um dos amigos dele, por exemplo. Acho que nunca vi uma mulher se impor com um homem que emburrou do nada porque viu outros homens olhando para ela, ou a viu rindo alto em uma mesa de restaurante.

Depois dessas primeiras demonstrações de ciúme, ele pode tentar partir para movimentos ainda mais ousados. Muitos homens se colocam no papel de protetor de suas parceiras, um discurso para disfarçar a vontade de controlar e a crença de que elas são incapazes de decidir por si mesmas. Já lhes avisam que, na verdade, trabalhar não vale a pena, fazendo-lhes discursos diários sobre o tanto que elas se estressam para ganhar tão pouco, e que vale mais estar perto dos filhos (se os tiver), já que não há gastos com babá e ainda é muito melhor para as crianças. Ou então dizem, todo orgulhosos, que não as querem trabalhando porque não há necessidade, demonstrando que podem lhes dar esse conforto. "Por que trabalhar se você tem tudo?", eles dizem. Mulheres que passam por isso se envaidecem e pensam: *Olha só esse homem que veio para cuidar de mim.* E vão dizer às amigas: "Ai, ele não quer que eu trabalhe, que fofo". Será que é fofo? Isso ressoa direto no complexo da princesa, como se um homem que sustenta a parceira confere mais valor a ela do que os outros.

Em contrapartida, existe a mulher loba, leoa, que se bobear encontra até quem se encoste nela. Para ela, o ciúme pode ser uma armadilha também, pois o homem pode o tempo todo jogar com a culpa dela por ser tão plena no trabalho: "Você não está em casa o suficiente. Não cuida de mim. Não cuida dos filhos. Não está presente. Não está envolvida".

Outro ótimo item que a leitora deve observar em seu relacionamento: seu companheiro manifesta um ciúme que breca quem você é ou o que você faz? Ele não pede verbalmente, mas as ações dele deixam claro que preferiria que você trabalhasse menos, risse menos, falasse menos, saísse menos, que *fosse* menos, para não ter mais confusão? Ele diz aquela frase recorrente: "Minha preocupação não é com você! Eu confio em você, não confio é nos outros"?

Preste atenção em como o ciúme é manifestado, porque esse sentimento em si não é errado, assim como nenhum o é! Todos os sentimentos são importantes, mas neles podemos aplicar a mesma lógica das drogas: a dose é que faz a diferença entre o remédio e o veneno, né?

Assim como existem níveis saudáveis de inveja, ódio, medo, há níveis saudáveis de ciúme. E eles são importantes, na medida certa. Ao perceber alguém olhando para o seu marido, é normal sentir uma pontadinha no peito, mas sem reagir ou dramatizar para o outro, que só está ali vivendo a vida dele.

Ciúme saudável é aquele que a pessoa sente sem incomodar ninguém, sabendo que o problema da situação está todo nela, que confunde posse com amor. É aquele que pode ser verbalizado sem pesar o clima, sem que se jogue a culpa no outro, sem pedidos, exigências ou dramatização. É uma reação normal gerada pela cultura de monogamia, e que o parceiro, com consciência, vai se esforçar para entender. Se o ciúme for impeditivo de ser quem você é e fazer o que quer, trata-se de uma relação abusiva.

O jeito como lidamos com o ciúme diz muito sobre a nossa leitura do amor. Todo abuso é travestido de amor. Mata-se em nome do amor: "Eu te amo tanto, que é melhor você nem existir. Prefiro isso a te perder". A pessoa é tão fraca, tão sem confiança, que prefere anular você a lidar com a possibilidade da própria perda. E as mulheres continuam achando que esse é um critério: *Se ele tem ciúme, ele me ama.*

Juntando o ciumento à mulher que admite, o resultado são dois inseguros: ela, que precisa ser cerceada de tudo para se sentir amada, quase sufocada para entender que existe amor; ele, tão sem confiança, tão inseguro, que tem a necessidade de amarrar a pessoa ao pé da cama para sentir que aquele amor existe.

Um dos casos mais graves que vi no programa Casos de família era o de um homem que acorrentava a esposa ao pé da cama por ciúme mórbido. O ciumento mórbido tem essas atitudes por acreditar que isso vai lhe trazer segurança. Fiquei chocada ao ver aquele homem algemar a perna da mulher na cama e deixá-la assim até voltar para casa! Lembro-me de falar para ele: "Se é disso que você precisa para não ser traído, por que está com ela? Se acha que se casou com alguém que vai te trair quando vai à padaria, por que se casou com uma mulher que, na sua leitura, é uma vagabunda?". O ciumento quer garantia, mas não do amor, e sim do controle sobre o outro. Espera uma garantia que não existe, e quanto mais aprisiona o corpo, mais a mente voa para longe dali, longe dela, longe dele... A única garantia que se pode ter é a de que não se vai morrer por causa de ninguém, e isso é algo que eu falo em todo programa.

Várias mulheres também se tornam abusivas por conta do ciúme. Claro, nem se compara, porque o ciúme da mulher não mata o parceiro, mas vale comentar. Muitas são guiadas pelo ideal de posse e se tornam verdadeiros pesos na vida do namorado, do marido, sempre dando show ou fazendo inquérito sobre onde o homem estava, sobre as amigas, mexendo nas coisas do parceiro.

Se você precisa ser um cão de guarda do parceiro, o que sobra para curtir no relacionamento? Se o outro pode escapar assim tão fácil, será que você deveria estar investindo nessa relação? Como fazer para ser guardião da fidelidade alheia? A solução é entender que, mesmo no caso de uma traição, você não morre por causa disso! Não vale a sua paz nem a perda da sua dignidade, que é fuçar nas coisas do outro, abrir o celular quando ele está no banho. Se você for autossuficiente, tiver recursos internos, amor-próprio, autoconfiança, orgulho, não morre de decepção! Siga sabendo que não vai morrer de amor, até porque o amor não dói nem mata. Tudo o que mata e dói não é amor. Se ele fez, paciência, está bom. As pessoas parecem ter tanto medo de perder. Mas perder o quê? Não sei se é medo de perder o outro, ou medo de perder o orgulho, de se sentir humilhada.

O ciúme fora da medida é, em si, uma forma de abuso, e reforço o aviso: ele é a porta de entrada para abusos mais fortes, porque demora para incomodar. Vai perturbar lá na frente, quando passar a paixão e você já estiver comprometida até o último fio de cabelo. Enquanto o relacionamento está no início, tudo é muito bonitinho, até ele se aborrecer com a sua saia, com o moço que falou com você na festa enquanto ele estava no banheiro, e dar chilique, estragar seu dia, sua noite, sua vontade de sair e fazer as coisas.

As pessoas têm muita dificuldade em abandonar aquilo que lhes faz mal porque se acostumam com o sofrimento, especialmente se ele for sendo imposto aos poucos. E muito do ciúme e do sentimento de posse é fruto de como aquele homem foi criado. É algo secular. Ele vê a mulher como seu complemento, e não como um ser igual, e desconstruir isso é uma conversa diária; poucos são os que tratam a mulher como um ser humano completo, e não como a costela de Adão. E ela ainda acredita ter uma grande responsabilidade de manter a relação, dá desculpas para as amigas, para os familiares: "Ele só me quer muito. É só isso que ele está pedindo". Poxa, é só a liberdade dela que ele está pedindo? Ela se convence de que não custa, e as amigas vão entender, afinal é uma mulher casada ou comprometida.

Puxando todas as parcelas de responsabilidade, a mulher acredita que tem de abrir mão de tudo para o casamento dar certo. Lembra-se de quando falamos de repertório emocional? Pois ela vai repetir justamente o modelo que vivenciou na infância, tendo em vista que é o que viu a mãe fazer: deixar de sair, de usar certas roupas, de conviver com certas pessoas. Se a mãe não era do tipo que abria mão da liberdade pelos caprichos do pai, ela acha que cresceu numa casa de muita briga.

O ciúme cresce como uma violência velada. Ele é o esquentar da água, em cujo caldeirão a mulher está sem perceber, sentindo a situação apenas quando a água ferveu e já é tarde demais. Ele diz que a ama tanto que não quer dividi-la com ninguém; se perde o controle foi porque ela provocou. Culturalmente, a gente sabe que acontece dessa forma, mas adoecemos como sociedade e começamos a achar normal.

❖ CAPÍTULO 4 ❖

O AMOR É GENEROSO

Todo mundo conhece o modelo de casamento tradicional que nossas avós vivenciaram. A mulher podia até ter uma profissão antes de se casar, mas ao entrar no casamento ela virava dona de casa, passava a cuidar de tudo para aquele homem, que tinha a função de trazer o dinheiro e sustentar os dois e os filhos que viessem. Ele trabalhava; ela limpava, cozinhava, criava os filhos e recebia uma mesadinha para as despesas da casa, as compras da semana. Quando lembramos essa forma de vida, parece que aquela época era mais simples, que talvez as pessoas fossem até mais felizes, mas nada é simples. Se aquele homem chegava mal-humorado, ou bêbado, ou com manchas de batom na roupa, essa mulher não tinha voz nem poder de negociação, pois sem ele não teria como sobreviver, e em muitos casos ainda apanhava calada pelo bem dos filhos. E assim os casamentos duravam, porque as mulheres estavam financeiramente amarradas ao marido, não importando o amor ou a boa convivência.

Por conta justamente dessa dependência financeira, fomos criando o papel histórico da mulher, daquilo que é esperado dela: uma atuação restrita na sociedade, sem manifestações verbais dentro de casa – pois estas são lidas como atos de rebelião e agressividade –, sem muita liberdade de discordar, aceitando os defeitos do marido e preferindo focar no que ele tem de bom. Isso parece coisa antiga, mas impactou a forma como vemos os homens. Quando se tratava desse cara, que mantinha o sustento dela e dos filhos, era melhor relevar seus defeitos.

Você já parou para se perguntar como nós enxergamos os homens? Ainda é muito legal e interessante um homem que se posicione de maneira antiquada. Quantas mulheres, mesmo as mais novas, dizem com orgulho para as amigas: "Ah, ele cuida de mim", como se fizesse parte do papel de um homem bom ser uma espécie de tutor ou responsável pela parceira. Ainda achamos que a conquista é como um mercado, no qual ficamos lá expostas e quem vale mais será escolhida por aquele que "pode mais". Ainda associamos muito do amor ao poder, à segurança financeira. E isso, muitas vezes, é internalizado pelas mulheres de uma maneira que as torna mais machistas que o próprio homem. Passam a não enxergar tudo o que poderiam fazer sem ele; não entendem que com a energia imensa que dedicam para o jogo da conquista, ou para o namoro ou o casamento que não está dando certo, poderiam estar construindo um império.

Eu vivenciei muito nova um exemplo de mulher mais machista do que homem. Meu pai me empoderou muito, ao contrário da minha mãe. A machista na minha casa era ela. Na primeira vez que me separei, a minha mãe chorava dizendo: "Agora você é desquitada. Tem que voltar para casa". Para ela, eu teria que aguentar o que fosse, porque o casamento estava acima do que eu estivesse achando ou sentindo. Já meu pai me surpreendeu ao dizer: "Não! Você vai morar sozinha e aprender a ser mulher". Isso em 1987, e me marcou para sempre. Aprender a ser mulher não é ser complemento do homem, não é cuidar da família, não é se cancelar. É aprender a "segurar a sua bucha", principalmente a financeira! Investir aquela energia toda em você e no que quer construir para envelhecer bem. Por isso, falo aqui com você como terapeuta, mas também como mulher. Existem coisas que a gente escuta na nossa formação que são de cair para trás, e elas nos marcam, mas precisamos direcionar nossos esforços para uma independência que acontece tanto no emocional quanto no material.

Culturalmente, enxergamos os homens como entendedores do dinheiro, e falar de dinheiro é deselegante, ainda mais se você for mulher. A primeira ideia a respeito de uma mulher que conversa sobre o assunto é: ela só pode ser interesseira. Você é interesseira, por acaso? Gananciosa? Ou fútil? Como resultado, pouco conversamos sobre dinheiro de forma saudável, no sentido de trocar informação e nos educar financeiramente, entender o mercado, as oportunidades de investimento. A nossa falta de consciência financeira pode, e vai, se traduzir em falta de independência. O primeiro passo para uma mulher ter um relacionamento saudável é, além de amor-próprio, a independência financeira. Quanto mais dependente financeiramente, mais facilmente os mecanismos de abuso serão aplicados, como isolamento e violência psicológica. A mulher que não tem seu sustento, suas economias, coloca-se na mesma posição da sua avó: à mercê dos caprichos daquele homem, que pode mudar de ideia a qualquer hora.

Quando há abuso patrimonial, a mulher é barrada da própria capacidade de ganhar e administrar seu dinheiro. No começo, o homem não permite que a companheira trabalhe, e ela acha fofo. Com o passar dos anos, ela vai perdendo a autonomia. Muda o sistema do banco, mas ela não o conhece nem usa mais. Depende do parceiro até para saber o saldo da conta e pede dinheiro para comprar uma simples calcinha. Depois disso, não sabe ao certo onde estão os documentos. O mundo dela vai ficando menor a cada ano, sem acompanhar as novas tecnologias para lidar com dinheiro, as modalidades de investimento, as taxas de juros. Tratar das burocracias da vida pode ser um saco, mas é necessário para que a gente não durma no ponto. Assim, ficamos espertas, desenvolvemos a nossa inteligência e capacidade de pensar em soluções para as mais variadas roubadas.

Com o tempo, a mulher que para de trabalhar por insistência do marido começa a deixar de ter assunto. Ele chega em casa e ela só consegue conversar sobre o cachorro, o filho, o que aconteceu na televisão. Nada daquilo sobre o que ela fala é dela. Isso é uma forma de isolamento, um ponto em comum em todos os casos de abuso, sobre o qual vamos falar mais no próximo capítulo. O mundo dessa mulher ficou do tamanho da casa, então ela vai falar sobre o quê? A vida dela virou um marasmo! Não há mais desafios, e o companheiro não se sente desafiado por ela. O que desafia sua masculinidade e lhe dá tesão são todas as outras mulheres do mundo, as que trabalham com ele, as que estimulam não só os sentimentos, mas também a cabeça dele com uma boa conversa. Jogar uma mulher na sombra do sucesso do homem que ela escolheu é um padrão socialmente aceitável e politicamente correto. Sendo assim, se a mulher não corre atrás daquilo que for só dela, começa a se sentir desvalorizada, desmotivada, porque vive o sucesso dele; tem tudo o que quer financeiramente, mas não conquistou nada. Mesmo mulheres muito ricas passam por isso. E pior, quando essas veem que o casamento não está legal, pensam: *Aguentei ele sem dinheiro por tantos anos... Agora que tem, eu não vou largar.* Vender a própria vida afetiva porque você vive do sucesso do outro é muito triste, faz muito mal para a autoestima, para a autoconfiança! Há mulheres que gostam de cuidar da casa e dos filhos, e tudo bem, mas existem as que começam a se incomodar com essa situação. Eventualmente, a vida cobra o que construímos, e muitas vezes aquelas mulheres só vão ter para mostrar o grande sacrifício que fizeram em nome da família, bem como os potenciais que perderam.

Quando a mulher é impedida de trabalhar, mesmo que com muito carinho, tocamos diretamente no machismo. Ela se torna parte do conjunto de propriedades do parceiro, e não estar em condição de igualdade é abuso. Via de regra, nos relacionamentos abusivos, a mulher é uma propriedade, um objeto. Isso precisa ser frisado, porque ainda é muito comum. Mesmo se tiver todo o conforto do mundo, ela não pode fazer nada, e em qualquer tentativa de iniciar algo novo ou de buscar independência ela será humilhada: "Ah, você está querendo me trair! Está querendo macho". Nessas afirmações a posse está implícita, é intrínseca ao comportamento abusivo. Se você não considera aquela pessoa sua propriedade, não tem por que se estressar tanto. No entanto, esse tipo de homem, independentemente de classe social, acha que a parceira é dele.

Violência patrimonial é tudo aquilo que impede você de ter independência financeira, tudo o que lesa seu patrimônio e sua capacidade de administrá-lo. É quando, por exemplo, o seu companheiro esconde seus documentos, ou mesmo os destrói, ou então não lhe dá acesso às contas do banco, fica com o seu salário ou não permite que você trabalhe. Existem, porém, formas mais sutis de violência patrimonial, como quando um estilo de vida mais extravagante que o seu lhe é imposto. Podem ser obrigações para jantar fora sempre, ou coerções para que você o ajude em compras grandes (como um apartamento para o casal muito maior do que você acha necessário). Ao se dar conta, você trabalha para construir os sonhos dele, os quais nem acha tão legais assim, nem são seus. Mas você faz "por amor". De alguma forma, esse homem consegue manter reservas de dinheiro e construir patrimônio, porém você permanece ali, correndo contra o tempo e contra o saldo do banco para poder acompanhar a vida que aquele amor *precisa ter* para ser feliz.

Há mulheres poderosas, admiradas por toda a sociedade, que sustentam homens por coerção, violência ou manipulação – e, muitas vezes, elas se sentem mal por isso. No entanto, existem homens muito à vontade com esse tipo de situação. Sempre uma reprodução de papéis. É comum essa mulher ouvir que, na verdade, ela precisa pagar o preço de todo esse sucesso: "Ué, você não queria trabalhar e ser independente?". Mesmo a mulher mais independente ainda quer ter um parceiro e família, enquanto o patriarcado determina que ou ela é independente e f*da, ou ela é a "mulherzinha" dele.

Atendo a casos de mulheres gigantes que sentem medo de traição por serem melhores do que seus maridos. Mulheres que, no momento em que vão iniciar a construção de algo maior, passam por inúmeras sabotagens do parceiro, estas muitas vezes sutis, outras nem tanto. Elas estão trabalhando em uma tese de doutorado, por exemplo, ou escrevendo um livro, ou então se preparando para receber uma promoção e assumir o cargo de diretora, e deparam com o cara caindo doente, reclamando que elas nunca estão disponíveis e ameaçando retaliação – o clássico:

"Já que você está ocupada, eu vou sair sozinho". Inventa-se uma imensa agenda social que elas deveriam cumprir; se não puderem, são negligentes com a vida pessoal.

Certa vez, atendi um jovem cuja esposa estava começando uma carreira de cantora. Ele passava por uma guerra interna, porque jurava que queria apoiá-la, mas morria de ciúmes da parceira. Ela, então, foi reprovada num teste que fez para um musical, e o rapaz, apesar de dizer que lhe dava suporte e que havia ficado triste com seu fracasso, no fundo, só faltou pular de alegria. Às vezes, a mulher tem um inimigo oculto, que vai trazê-la para baixo. E não pense que o homem tem um plano racional e estruturado para isso. São milhares de pequenas reações, pedidos, barreiras criadas para impedir o sucesso daquela que está ao seu lado. Ele sente inveja ou ciúmes, morre de medo que ela se sobressaia ou se apaixone por outro no novo mundo que se abrir decorrente do sucesso profissional, então vai revelando toda a fragilidade que não aguenta nele mesmo. Uma mulher muito forte e poderosa mostra para o homem o que ele tem de mais frágil, e esse não aguenta essa realidade. É muito mais fácil acabar com a festa dela do que se rever, se reconstruir.

A própria Sheryl Sandberg, chefe de operações do Facebook e autora do best-seller *Faça acontecer*, afirma que boa parte do sucesso de uma mulher depende do tipo de parceiro que ela escolhe. Se ele não a apoiar ativamente, ela não vira CEO, não sobe na carreira, e, sentindo-se eternamente culpada por não se dedicar 100% à família, tentará compensar as ausências. Em um grande número das vezes, o maior apoio que o homem tradicional consegue oferecer é só sair da frente e não a atrapalhar. É um apoio passivo, e não ativo. Apoio ativo é, por exemplo, tomar para ele certas atribuições da casa que seriam dela: saber se os filhos têm uniforme limpo para ir à escola, verificar se algum produto de limpeza acabou, cuidar de tudo para que a parceira vá a uma convenção da empresa, segurar as pontas quando ela precisa trabalhar até tarde. Um homem, por mais "bonzinho" que tente ser, acaba se sentindo ressentido quando a mulher tem interesses que saem da casa e dele. E quando não é "bonzinho" pode literalmente impedir e agredir essa mulher se ela crescer demais.

Fique atenta para comportamentos que a impedem de tomar as rédeas da sua vida, mesmo que queira muito acreditar que não são propositais. Ao longo dos anos, reconheci o seguinte padrão: a mulher é uma grande negadora das situações que batem de frente com o que ela idealizou. E repete para si mesma, na tentativa de justificá-las: "Coitadinho, ele está doente. Está precisando que eu fique em casa para cuidar dele. Tenho que chegar cedo para jantarmos juntos. Poxa, ele não tem culpa, preciso passar mais tempo em casa". Se fosse você que estivesse doente e ele em uma semana de entrega intensa no trabalho, quem pediria uma sopa pelo serviço de entrega e ligaria para mãe? A parceira. Se fosse um homem prestes a ser promovido, a mulher tiraria qualquer incômodo da frente para a vida dele ser mais fácil.

Sempre reflita se o relacionamento a deixa viver plenamente o seu talento, se nessa parceria você tem de verdade um parceiro, e se ele está propiciando que você construa patrimônio. No século XXI, uma mulher precisa trabalhar, mesmo quando não tem necessidade financeira. Sabe por quê? Vivemos no sistema capitalista, no qual dinheiro significa liberdade. Quem sabe fazer o próprio dinheiro pode ir a qualquer lugar.

✤ CAPÍTULO 5 ✤

O AMOR PROTEGE

> "Ele não sabe por que está batendo,
> mas ela sabe por que está apanhando."

É sempre duro lidar com casos de violência física. Isso acaba comigo. É muito delicado falar com mulheres que passaram por esse tipo de situação e com elas abordar o tema, mas a falta de conversa faz todos os dias vítimas fatais no nosso país.

Antes de tudo, é preciso deixar claro que não podemos culpar a vítima. Não existe razão lógica para dizer "aquela ali gosta de apanhar", porque ela não entrou no relacionamento sabendo que isso ia acontecer. E foi um longo caminho de adestramento emocional até que ela normalizasse esses maus-tratos. Pense comigo: um homem violento não vai se apresentar a você em um bar ou aplicativo de relacionamentos começando com a seguinte introdução: "Oi. Bati em todas as minhas namoradas e ainda vou esmagar sua cabeça na parede". Ele SABE que isso o faria nunca mais conhecer ninguém.

Todo abusador veste pele de cordeiro, e provavelmente não é a primeira vez que age assim, ou seja, ele sabe representar esse papel muito bem. Convence. Não tem como culpar uma mulher que é manipulada por alguém que já faz isso quase que instintivamente. O abusador sabe qual "código" utilizar e parecer um cara legal, e vai sempre começar com pequenos abusos psicológicos a fim de expandir as formas de controlar a companheira, para, ao final, agredi-la fisicamente. E essa agressão vai se agravar a cada vez que ele for perdoado.

Esse homem domina o discurso todo e vai se apresentar como um príncipe, um salvador daquela sua vida de marasmo, que não era certa para você. Ele te convence, trata bem, cobre de carinho, demonstra ser um cara diferente, com amigos, que tem a admiração da família, que não some e não deixa de pensar em você. Alguém assim sabe de quem pode abusar, porque vai testando a reação da vítima aos rompantes de humor dele. No caso da agressão física, tudo começa pelo isolamento, o que a deixa sem parâmetros para julgar o comportamento dele. Ele isola a mulher de tudo e de todos, inclusive da família – na verdade, principalmente da família, de amigas, pois quanto mais sozinha ela estiver, mais fácil será abusar dela, dominá-la (e essas seriam as pessoas a abrir seus olhos e a oferecer aquilo que ele finge que só ele pode dar: amor, apoio, segurança, colo). É muito importante ter tudo isso num relacionamento, mas também fora dele, para que se possa manter o referencial de amor saudável.

Se o seu companheiro lhe diz que determinada amiga sua é desequilibrada, por isso não gosta dela, que sua família não é normal ou não foi agradável, ele está trabalhando para mantê-la em isolamento. Existem casos de homens que inventam: "Ah, suas amigas nem me cumprimentaram quando cheguei". Ou: "Estão conversando sobre tal assunto só para me constranger. Não quero sair com seus familiares". Ele vai encontrando motivos sempre racionais para que você tenha de escolher entre aqueles que ama e ele – e você, como é obrigada a escolher, vai se isolando. (*Spoiler*: um relacionamento saudável vai aproximá-la dos seus amigos e da sua família, não o contrário). Quanto mais isolada, mais sozinha, mais vulnerável e com menos ferramentas para entender que aquele comportamento não é normal.

Há certas coisas sobre as quais eu gostaria de nunca ter que falar, e violência doméstica é uma delas, porque é de uma tristeza imensa. E não dá para culpar a vítima, pois ela fica presa no ciclo da violência, que é outro tema importante para tratarmos aqui.

O ciclo da violência (ou espiral da violência, dependendo da fonte) é uma dinâmica repetitiva que vai desestabilizando a mulher a cada virada de ciclo. Ele não começa pela violência física, porque antes de chegar até essa agressão mais clara o ciclo da violência se repetirá diversas vezes, principalmente pela violência moral e psicológica, sempre ficando mais intenso a cada retorno até dar em agressão física. A mulher nunca recebe um tapa do nada. Na verdade, durante um tempo o agressor testou os limites da companheira para ver até onde lhe seria permitido ir. Um cara superlegal e amoroso não a sacode só porque naquele momento específico ficou nervoso. Essa é apenas a história que as vítimas contam a si mesmas para se protegerem da decepção imensa que estão sentindo. E a situação só tende a piorar.

Mas então como funciona o ciclo da violência? Bem, ele tem três fases – aumento de tensão, explosão e lua de mel –, cada qual se agravando até que passe para a seguinte.

Durante o acúmulo de tensão, o abusador cria picuinhas e brigas sem motivo, provoca discussões desproporcionais, ameaça e faz reclamações absurdas. E a vítima, por falta de amor-próprio (sim, todas nós temos dificuldade, não se culpe), vai ficando cada vez mais boazinha, vigilante, tensa, na intenção de não alimentar aquele comportamento. Na verdade, ela não entende o que gerou tamanha mudança nele, e, como já conheceu o lado "legal" daquele cara, acredita ter sido culpa dela. E pensa: *Não vou fazer/falar isso, porque não quero causar*, repetindo para si mesma desculpas. Esse ciclo, então, vai aumentando até que explode. Quando isso ocorre, presencia-se um show.

Você, que está lendo este livro, se já passou por uma explosão dentro de um relacionamento abusivo, sabe do que estou falando. É algo que a gente não esquece. Pode ser uma gritaria, uma sessão de brigas que a faz chorar, se encolher, parar de respirar ou se trancar no banheiro – porque, mesmo depois de pedir muitas desculpas pelo que quer que ele a esteja acusando, o abusador não para. Pode ser que ele saia de onde os dois estiverem e a obrigue a correr atrás dele, ou não sai de jeito nenhum, mesmo que a vítima implore para ficar sozinha. Nessas situações, a mulher tenta desesperadamente acalmar o parceiro, mas o objetivo dele não é resolver a questão, e sim mostrar quem pode mais, quem está no controle. Ele vai continuar até "quebrá-la" – primeiro por dentro, para vê-la surtar, se machucar, perder a direção.

Depois da explosão, parece que o coração da vítima é uma terra arrasada, e ela tem a sensação de ter passado por um bombardeio de guerra. O abusador sabe que a explosão pode fazer a mulher ir embora, então a fase de lua de mel tem início. Ele chega a pedir desculpas e se justifica, trabalhando pela confiança dela novamente. Faz planos, afirmando: "Agora, tudo vai ser diferente". Cobre-a de afeto e carinho, mostrando-se outra pessoa depois que se acalma, tentando convencê-la de que sabe ser bom, que se alterou por culpa dela. E isso, na cabeça dessa mulher, faz todo sentido: *Olha só como ele consegue ser um cara incrível se não for provocado.* Essa calmaria dura até a tensão aparecer de novo – aqui, ali, em pequenas e grandes ações dela. A próxima explosão é ainda mais forte: o próximo grito vira um soco na parede; o próximo soco na parede vira um chacoalhão; o próximo tapa vira um soco. Um ciclo é base para o próximo, quando o agressor entende que pode passar um pouco mais do limite estabelecido.

Aqueles que estão de fora da situação julgam muito essa mulher: "Como ela não faz nada? Por que não larga dele?". A vítima que passa por isso sente muita culpa e vergonha, sentimentos extremamente fortes em qualquer relacionamento abusivo. Ela tem certeza de que causou isso a si mesma, e já está isolada da família, dos amigos. O que o abusador oferece, na cabeça dela, ninguém mais pode lhe dar. Tanto pelas explosões do cara como a crença de que ela não consegue ter um relacionamento mais perto do ideal. Quantas mulheres abusadas defendem o marido? Isso causa repulsa nos outros, irrita muito, e assim elas vão ficando cada vez mais isoladas, o que lhes provoca a sensação de que o agressor é a única pessoa que existe na vida delas.

Enquanto escrevia este livro, li uma notícia que comprova justamente o que estou dizendo. Durante uma audiência para julgar o caso de um homem que tentou matar a namorada disparando sete tiros contra ela em uma praça (e acertando cinco deles... cinco!), a vítima disse ao juiz que já tinha perdoado o acontecido, e mais, afirmou ter sido culpada pela tentativa do próprio homicídio. Em pleno ano de 2020, no Rio Grande do Sul, ela pediu ao juiz que lhe desse permissão para beijar o agressor e declarou que tinha planos de se casar com ele. O homem foi condenado a sete anos de prisão em regime semiaberto, porque, obviamente, tentou matá-la. Pessoas testemunharam! Não é inacreditável?

Inimaginável? Imagine a reação da família dela, se já não estão desistindo de ajudar...

Qual é o modelo de amor saudável dela? Que temor ela tem pela própria vida? O que leva uma mulher a esquecer os cinco tiros que levou e beijar seu agressor em pleno julgamento, e ainda querer se casar com ele?

Esse caso aconteceu, como tantos outros, na era do feminicídio! Essa pessoa tem de receber orientação, precisa mergulhar dentro de si mesma para tentar achar o que procura em um relacionamento suicida desses, precisa de ajuda psicológica e amparo familiar. Necessita desconstruir os modelos tóxicos que provavelmente carrega dentro de si e encontrar equilíbrio emocional. É o que proporciona o processo terapêutico.

Violência física não é um momento de descontrole emocional. Sabe por quê? Quando um homem briga com outro homem do seu tamanho ou maior, ele não se descontrola. Engraçado, né? Ou, então, se agride uma mulher e um cara imenso chega para defendê-la, ele vira um anjo. Do mesmo jeito que conseguimos dominar nossos instintos de comer e evacuar, o da violência já foi bem controlado, para quem opta por isso. Se um homem bate em uma mulher, ele a está mandando voltar para o lugar dela, mostrando que é o chefe e que não deve ser contrariado. Se a vítima fizer qualquer coisa que o desagrade, ele parte para a violência. O que justifica um comportamento desses? Machismo, claro, no sentido de ser uma estrutura de poder, de adestramento, que vai diminuindo a mulher cada vez mais. Obviamente ela quer se desvencilhar dessa situação, mas não tem forças para tanto.

A mulher com menos recursos sofre ainda mais em casos como esse. Ao longo da minha experiência, entendi que quanto mais cultura, mais rápido se compreende o mecanismo e mais rápido é possível sair correndo. Claro, isso não impede que a violência doméstica atinja vítimas de todas as classes, mas quanto mais forte a mulher é internamente – é uma pessoa que lê, conhece outras realidades, tem sonhos profissionais, ganha seu próprio dinheiro –, mais difícil ela permanecer numa situação de violência.

Há uma história que ficou famosa em todo o Brasil, a qual vou relatar aqui. Uma atriz bastante conhecida parecia estar em um conto de fadas. Seu marido era bonito, culto, diplomata, e tinha-se a impressão de que ela vivia como uma princesa. Até vir a público com gravações de que esse homem a agredia violentamente. Ele a ameaçava de morte e ainda torturava o cachorro e os pais dela. Claro, ele não se apresentou assim para ela, como um monstro. A vítima afirmou em diversas entrevistas que, ao conhecê-lo, o rapaz se mostrou carinhoso, cuidadoso; nele não havia indícios de agressividade. No entanto, no dia do casamento ocorreu a primeira agressão. Em entrevista ela relatou que sempre que discordava do marido, uma briga acontecia. E que, para ela, tudo começou de uma forma sutil até evoluir para um ciúme podador e violento. Nas palavras da atriz: "Ele me diminuía, me chamava de burra. Ele não gostava do meu trabalho. Ele queria me tirar da vida de atriz. Eu não podia mais ter senha no celular. Ele tinha que ter acesso".

Após a denúncia, um processo foi aberto e em 2019 o agressor foi condenado por violência doméstica, mas segue negando as acusações e dizendo que, na verdade, a ex-mulher armou tudo isso. Algo também muito comum é acusar a vítima. O caso é uma prova de que a violência doméstica não escolhe classe social, e que aquelas que sofrem com esse tipo de situação acreditam inicialmente que encontraram um verdadeiro príncipe encantado, um homem bom, parceiro, que vai cuidar delas.

Eu acho esse caso um exemplo de mulher que a gente não visualiza quando pensa em violência doméstica: atriz, independente, educada, casada com um homem de família riquíssima. Ela chegou a ir ao Casos de família e lá contou que ele era um príncipe encantado em todos os sentidos: tratava-a como uma deusa, uma princesa, era acolhedor e companheiro; três, quatro meses depois, demonstrando sentir raiva da mulher, começou a empurrá-la, caçando motivos para brigar com ela.

Estudando o padrão do agressor no ciclo de violência, consigo afirmar que todo abusador é misógino. A raiva que ele parece ter da companheira é demonstrada na forma de ciúmes, inveja. Se ela está rindo demais, ele a faz parar; se está "muito soltinha" na conversa, dá um jeito de constrangê-la. Todas as atitudes dela que a fazem se sobressair são razões para um abusador reagir. E, olha que curioso, justamente essas características que inicialmente chamaram atenção dele são as que ele vai tentar sufocar. Se a mulher é muito bonita, muito gostosa, ele a pressiona para ter filhos, e ainda quer um atrás do outro, na tentativa de menosprezá-la, para que ela preste menos atenção em si mesma. Esse tipo de homem tem problemas seríissimos de autoestima, insegurança, autoconfiança. Se você precisa diminuir o outro para se sentir grande, já está com um problema sério, né? E se a mulher aceita se diminuir para o outro ficar confortável, o casal acaba se complementando, infelizmente.

Toda mulher diminuída pela violência doméstica é um gigante por dentro. E eu acho importante dizer que se você está passando por isso, ou conhece alguém que sofre violência dentro de casa, a vida tem muitas fases e a sua não precisa parar nessa. Sempre é tempo de mudar, de tentar se reconectar com as pessoas que você perdeu no caminho do isolamento, de entender que não há dinheiro que pague a sua sobrevivência. O próximo tapa é sempre mais forte. A mulher que sofre violência doméstica é esse gigante por dentro, pode fazer tudo, mas cai pelo amor, por acreditar em uma ideia de amor muito distorcida, construída por contos de fadas e príncipes. O conto que ela acaba vivendo é o da *Malévola*, filme da Disney de 2014, sobre a história de uma fada poderosa destruída pelo amor. O amor mal-intencionado rouba suas asas, seu poder, aquilo que a destaca da multidão. No entanto, não se preocupe, porque é também pelo amor que ela retorna mais forte. Se você passa por isso, basta dar o primeiro passo para longe dessa situação que, definitivamente, não a representa.

CAPÍTULO 6

O AMOR É ESPELHO

"Ele é difícil, mas tem um coração muito bom."

Do mesmo jeito que os abusadores nunca se apresentam como monstros, a mulher não se apresenta e não se enxerga como vítima. Esse choque imenso é, em certa medida, responsável pela demora em entender que aqueles desentendimentos, aquele empurrão, aquela grosseria, não são eventos isolados, mas parte de um padrão de maus-tratos.

Depois que uma mulher sai de um relacionamento abusivo, ela passa muito tempo pensando no que a levou a entrar tão fundo numa história extremamente dolorida. *Como pude ignorar os sinais?*, ela se culpa, como foi ensinada a fazer ao longo da vida. E por que fazemos isso? Porque no fundo todas sabemos que o amor é um grande espelho. Se eu olhei para aquele homem – mesmo enquanto ele ainda estava em pele de cordeiro –, isso diz algo sobre mim.

Sempre vamos buscar um parceiro que reflete o valor que damos a nós mesmas. Ao escolher manter ao seu lado um homem que a humilha, é grosseiro, agressivo e chega a ser violento, o que isso diz do que você acha de si própria? Que é uma merda de mulher, porque só assim para merecer aquela merda de homem. Eu garanto, nem preciso conhecê-la pessoalmente, você não é uma merda. E se for para escolher um cara assim, melhor optar por si mesma. Acredite, eu já ouvi TODAS as desculpas das mulheres que ainda não estão fortalecidas o suficiente para deixar um abusador: "Me falta dinheiro"; "O que os outros vão pensar?"; "E a promessa feita no casamento?"; "Ele me ameaça"; "Sou difícil de amar"; "Tenho medo de perder meus filhos"; "Tenho a esperança de que ele vai cair em si".

O que digo a qualquer mulher é que realmente ela não é responsável por ter se interessado por esse homem. O amor é um espelho, mas ao conhecer o parceiro ele lhe mostrou uma imagem falsa, e não tem como se defender de quem rouba no jogo. Quando ele começou a revelar os primeiros sinais, você acreditou que era isso que merecia, principalmente por conta da educação de amor que aprendeu com seus pais e cuidadores na infância. Espelhada no valor que acreditava ter, pensou: *Bem, é o que tem para hoje. Faz parte...* No entanto, se você não foi responsável por casar com ele, é responsável por continuar nesse relacionamento. Depois que a visão se abre e a mente clareia, não há como voltar atrás e fingir não saber que ele é uma péssima escolha. E quem está morto não precisa mais se preocupar nem com dinheiro, nem com o que os outros vão pensar, ou com os votos de casamento. Em média, morrem mais de três mulheres por dia por conta de feminicídio, sendo o mais comum praticado por parceiros ou companheiros. Então, agir é importante, e vai depender de você não esperar o tapa ficar mais forte e a coisa piorar. Se for para escolher um homem assim, escolha-se!

É clássico as mulheres colocarem o parceiro em primeiro lugar; daí, automaticamente, ele percebe que elas estão em segundo, terceiro, quarto plano. Muitas crenças que a sociedade nos ensina vão limitando nossa vida, e nos despriorizar é quase um vício. Achar que conseguimos modificar o casamento e a personalidade do homem está entre as principais ilusões, seguido da ilusão de que podemos nos esforçar e até amar por dois. O que isso reflete? Quais crenças uma mulher que vive um relacionamento abusivo tem sobre si mesma? Por acaso ela é alguma pedinte que precisa fazer todo o trabalho para o relacionamento acontecer?

O que aprendi em trinta anos de consultório com terapia de casal é que quem ama por dois certamente sofre dobrado. Não há como basear o relacionamento na sua atitude, pois toda relação é composta por duas pessoas. Uma cilada sem limites, além de ser uma presunção grande, é repetir o seguinte: "O relacionamento não é bom, mas eu gosto dele e vou fazer dar certo". No fundo, a mulher acredita que é toda-poderosa e pode controlar até o comportamento do outro! E essas atitudes espelham uma autoestima fragilizada.

Logicamente, além da socialização feminina para estar em segundo lugar sempre, uma mulher presa a um relacionamento abusivo vai sendo esmagada pelo comportamento de dominação daquele parceiro (que parecia ser tão legal). Ela não tem como sair daquilo, não é independente, não possui lugar para morar e sente vergonha. Vergonha porque não deu certo, por apanhar para dizer que há um homem ao seu lado. Eu acho que, antes do empoderamento feminino, é necessário autoamor. Talvez você não seja o ideal de mulher que mentaliza, mas tem valor e precisa se amar, pois você é sua maior companheira. Só por existir deve se amar, de graça, sem barganha nem negociação. A mulher tem que ser maternal com os filhos, não com homem. Por que uma mulher acha que tem que ser mamãe do cara? Amor-próprio cura quase tudo, inclusive a ilusão de que devemos ser supermulheres, supermães, superacolhedoras, mártires e sofredoras.

Nunca vou esquecer a vez que recebemos, no Casos de família, um homem que afirmou que bateu na mulher e ainda bateria de novo. O programa parou na hora e a apresentadora, Christina Rocha, chamou a polícia, fez um escarcéu... A vítima, porém, não registrou o B.O., pois disse que o amava do jeito que ele era.[*] A sensação de impotência foi enorme, misturada ao medo por ela,

---

[*] CATRACA LIVRE, "Cidadania". *Casos de família: homem admite agressão e apresentadora chama a polícia*. Disponível em: <https://catracalivre.com.br/

pelos filhos. A cena não foi ao ar e nós passamos aquela semana completamente arrasadas ao nos lembrar daquela moça. O que será que ela pensa de si mesma ao ver aquele homem falar daquele jeito, agredi-la, e mesmo assim permanecer naquela relação? Ele é espelho de uma visão muito negativa dela.

Em uma ocasião, escutei um homem gritando com uma mulher na saída de um bar, claramente alcoolizado. Ele dizia que ia quebrá-la porque estava sendo traído. As pessoas se juntaram perto dela, com medo do que poderia acontecer, e chamaram a polícia. Nesse meio-tempo ele destruiu objetos e a ameaçou; ela, por sua vez, lhe pedia muitas desculpas, tentando se justificar e entrando no jogo de acusações e terrorismo dele. Foi tão triste de ver... Ela se achava responsável pelo desequilíbrio dele. Eu fiquei imaginando que aquela moça se arrumou toda para sair em um sábado à noite e acabou vivendo um pesadelo, e pedia desculpas por isso! E justificava-se para ele: "Não, eu não empurrei você. Você caiu sozinho" – ele tentava atacá-la, mas estava tão mal, que chegou a cair. As pessoas em volta tentavam defendê-la, e ele não ia embora sem ela, mesmo dizendo que a espancaria. Quando a polícia chegou ele ficou um anjo, quieto, parou de gritar. Ela também já conheceu um cara muito legal um dia, que a cobriu de atenção. Naquele momento, porém, vivenciava o monstro.

---

cidadania/casos-de-familia-homem-admite-agressao-e-apresentadora-chama-policia/>. Acesso em: 20 fev. 2020.

Apaixonar-se por um cara legal pode acontecer a qualquer uma, mas saber a hora de abandonar um monstro é algo que só o amor-próprio, a convicção de que merecemos mais e o instinto de sobrevivência nos oferecem! As mulheres precisam começar a se enxergar como seres humanos, talvez falhos, mas muito valorosos. Tudo tem início na nossa visão de nós mesmas.

※ CAPÍTULO 7 ※

O AMOR É INDEPENDENTE

"Ruim com ele, pior sem ele."

Quando caímos na historinha dos contos de fadas, outra historinha vem de brinde: que cada um tem a sua metade da laranja, que somos pessoas partidas, procurando pela nossa metade. Essa doideira foi registrada primeiro pelo filósofo Platão, na Antiguidade. Em seu livro *O banquete*, o comediógrafo Aristófanes toma a palavra e desenvolve o mito da alma gêmea, afirmando que no começo os homens eram seres completos, com duas cabeças, quatro pernas, quatro braços, o que lhes permitia uma movimentação ainda mais rápida. Por conta dessa agilidade, os homens resolveram desafiar os deuses e deles conseguiram ganhar, mas o castigo logo veio. Com uma espada, Zeus os partiu ao meio; depois disso, seria a sina da humanidade procurar a outra metade, sem a qual não é possível viver. Resumidamente, quem acredita nessa história de alma gêmea crê em uma maldição que tem tons de piada: a de pensar que não é possível ser feliz sozinho, que se é apenas uma metade vagando por aí à procura de alguém que o complete.

O relacionamento ideal é 1 + 1 = 1. Isso significa que são duas pessoas inteiras, completas, que ao somarem geram algo que não é totalmente nem uma nem outra. É uma terceira coisa, uma junção das duas, um ponto de encontro, e não de total dissolvimento da personalidade de uma das partes (ou das duas). Ser independente é o primeiro passo para encontrar o amor verdadeiro e entender se aquela relação é boa mesmo. Quão independente você consegue ser ao se relacionar com seu parceiro? E quão independente permite que ele seja?

A independência é um dos elementos mais saudáveis a ser cultivados por qualquer indivíduo, tanto homens quanto mulheres, mas, apesar de ser importante para os dois, a mulher tem mais dificuldade em entender uma vida amorosa, em parceria, que também é independente. E nós sabemos como criamos as meninas e como criamos os meninos. Enquanto eles estão aprendendo histórias de herói e explorador, com elas a conversa é outra. Nós lhes damos conselhos como: "Não vá sozinha"; "Não faça sozinha"; "Tudo é perigoso"; "Você é fraquinha". A mulher é criada para acreditar em dependência como uma forma saudável de amar, como uma maneira aceitável de saber que é cuidada. Mulher tem que ser delicada, feminina. "Homem não gosta de mulher que se vira sozinha", já diziam as mães e avós.

Pais e mães são responsáveis pela criação dos filhos, oferecendo-lhes os modelos durante esse processo. As crianças aprendem com o que nos veem fazendo, não com o que as mandamos fazer! Quantas vezes escutei a frase: "Segurem suas cabras porque meu cabrito está solto"... O que isso quer dizer?! Criamos filhos para serem bestas que não respeitam nada nem ninguém? Ouvi também que um homem não quer uma parceira independente demais, pois isso é sinal de frieza e falta de coração, e assim ela não serve para ser mãe.

Acreditamos que se formos independentes demais vamos perder muito: relacionamentos, casamento, a possibilidade de filhos, de uma família feliz. A verdade é justamente o oposto: perde-se muito mais por falta de independência. Quem não mantém a autonomia tem muito a perder! Se você não investe parte da vida em algo que seja só seu – o seu ir e vir, seus projetos, suas noites sozinha –, começa a se anular. E a mulher não apenas se anula, mas acha que **precisa** fazer isso. E vai se perdendo de si mesma, ficando dependente primeiro emocionalmente, depois nos aspecto financeiro. O que acontece, então? Abre espaço para que o parceiro faça qualquer absurdo que ela passa a achar normal.

FORMAS DE DEPENDÊNCIA

Todo mundo conhece aquela amiga que começa a namorar e some (isso se não for você mesma), ou a que acha que se o marido morre de ciúme dela, só pode ser por amor demais – geralmente, justificativas para um relacionamento abusivo e a invasão ao nosso ser. É melhor contar uma história bonita para proteger a ilusão. Eu já tive uma paciente que, durante as sessões em meu consultório, dava desculpas pelo parceiro: "Ah, mas é que ele me ama tanto, de um jeito que não dá! Ele não controla". Na cabeça dela, ela era tão incrível, tão gostosa, que gerava essa reação dele. É uma bênção pensar assim, né? Fica fácil contar historinha para tentar ressignificar a violência pela qual você passa.

Dependência financeira

O que mais surpreende são as mulheres mais novas que se recusam a serem independentes, porque estão buscando a proteção que não sentem da própria família. Sempre lido com meninas que saem com um cara e na mesma noite já decidem morar com ele. A maioria delas pertence a classes mais pobres, com famílias vulneráveis que acabam fazendo isso. O que essas garotas querem é deixar de serem filhas para se tornarem mães, então saem correndo a fim de entrar no guarda-chuva de proteção que acreditam existir naquele parceiro. Isso porque dentro da própria casa muitas vezes mora muita gente, ou o ambiente é violento, difícil, no qual elas não conseguem existir. Daí, então, embarcam nessas relações muito frágeis e temporárias. Elas não se perguntam por que aos 15 ou 16 anos já precisam ter um homem, um "protetor", alguém que as tira da casa dos pais e que vai ser um espancador e não aceitará muitas manifestações de uma vida própria da parte delas. Essas meninas não entendem que podem se virar sozinhas, estudar, arrumar um emprego; que existe um futuro ali na frente. Elas querem viver tudo o que conseguem enxergar de futuro agora mesmo.

Por que um futuro não faz parte do universo delas? A gente sabe o motivo, não é? Porque muitas vezes, aos 12 ou 13 anos, elas foram colocadas para fora de casa a fim de que trouxessem dinheiro, ou para não incomodar. Em comunidades mais humildes é isso que acontece. As mães chegam a mim para pedir ajuda alegando o seguinte: "Olha, doutora, minha filha com 12 anos já estava no fluxo. Nunca consegui segurar ela". Como você não segura um filho de 12, 13 anos? Deve ser porque ele já está solto, não é? Ele nunca esteve preso. E não pense que estou culpando a mãe; a falha não é dela, mas da sociedade inteira ao jogar tudo nas mãos dessa mulher. A mãe nem está lá, pois tem que se virar, na maioria das vezes sem a ajuda de ninguém; porque também caiu na mentira de precisar formar a "familinha" com um homem que cuidasse dela desde muito nova. Essa é a realidade social de um país de abandono paterno, que deixa mães solos jovens dando conta de tudo sozinhas, pagando um preço alto por isso. E esse ciclo se repete: as meninas que engravidam jovens não estudam, não trabalham; sua dependência, portanto, aumenta ainda mais, seu mundo fica pequeno, e elas se isolam. Mais do que entenderem a independência, essas mulheres precisam ter alguma esperança no que podem fazer sozinhas no futuro, no que podem construir para si mesmas.

Dependência emocional

Conforme conversamos no começo deste livro, a maneira como alguém ama sempre está enraizada na infância, na gramática de amor que lhe foi ensinada pelos pais e pelo relacionamento familiar. E a carência afetiva é causa de grande parte dos erros cometidos por uma mulher. No entanto, além da dependência emocional oferecida de imediato ao homem, o parceiro também pode forçá-la a essa dependência ao ameaçar deixá-la, ou ao brincar com o medo do abandono que a parceira carrega.

A carência da mulher proporciona terreno para todos os tipos de abuso, fazendo as ameaças do marido parecerem formas de negociação (já ouviu a piada que diz que uma pessoa gritando, na verdade, está se importando com você bem alto?). E esse ciclo não é interrompido porque ela não se dá conta de que não merece que a tratem desse jeito; tem medo do que o mundo lá fora reserva sem esse homem: "Ruim com ele, pior sem ele". E o abusador a faz acreditar que ninguém mais vai querê-la. "Mas ela vai jantar sozinha? Vai envelhecer sozinha? Vai fazer o quê?" Marido ainda é símbolo de *status*. Por que a gente acredita que a mulher pode aguentar tudo? A mulher se envaidece disso também... Você sabe do que eu estou falando!

Uma mulher que sofre de carência emocional, por ser dependente, compra a ideia de que aquele homem é único no mundo, que só ele a entende e a aceita. E, neste caso, o parceiro aproveita para plantar outras dependências na mente dela. Exemplo disso é o abuso patrimonial. O marido controla os gastos, está no comando, pega o salário dela e o administra, justamente para deixá-la sem saída, presa a ele. Não há escapatória. Como ele começou a fazer isso? Falando para a parceira que ela não sabe lidar direito com essas coisas, chamando-a de burra nas entrelinhas, no papel de pai cuidador, que resolve tudo, sem deixá-la pensar em nada. Ela se sentiu tão valorizada, mas depois não sabia mais a senha do banco...

E o outro lado da moeda também acontece: a dependência emocional da mulher é tanta, que ela trabalha para sustentar aquele traste. No Casos de família, vejo muitos que não trabalham, ao contrário das parceiras. Isso é escravidão. Ele fica em casa, zoando com os amigos, zanzando pelo bairro, sem a capacidade de lavar um copo ou cuidar dos filhos, e muitas vezes a traindo. E a mulher tem que pagar todas as contas e mandar dinheiro para ele, senão apanha. E elas obedecem. Esses maridos mal se justificam, porque esse trabalho também é feito por elas: "Ai, ele não consegue emprego. É mais fácil pra mulher". Por que é mais fácil pra mulher? Porque ela pode ser doméstica, pode catar lata no lixo. Porque ela se submete e ele não, pois tem um imenso medo do abandono, que vale qualquer sacrifício.

Quando uma mulher foge de um homem desses e deixa os filhos em casa, é detonada: "Que mulher abominável que abandonou suas crianças!". Já atendi a uma paciente nessa situação. Casada por trinta e cinco anos, ela cuidava dele e dos três filhos, mas sofria demais. O relacionamento já não existia havia muito, eles dormiam em quartos separados e ela acabou se tornando uma empregada e cuidadora. Foi então que essa mulher deu um grito de liberdade, porém apenas um dos filhos a apoiou; os outros se revoltaram. Claro, ninguém aguenta um homem desses, até os filhos sabem que ele vai sobrar para alguém. A mulher foi treinada para acreditar que precisa de um cara para viver, que marido é segurança, é tranquilidade para formar família, mas muitas vezes o marido é mais trabalhoso do que os filhos.

Em 2017, uma pesquisa de um site americano com mais de 7 mil mães comprovou que os maridos estressam mais as mulheres do que os filhos. No entanto, acreditamos que de alguma forma esses homens – que, na sua maioria, não recolhem a própria sujeira – vão nos proteger. Nós temos o poder de parir, trabalhar, estudar, dar conta. Já reparou como toda mulher que se separa fica linda? É porque sobra tempo para cuidar de si. Não há mais a preocupação com o homem: *Será que ele comeu? Ele foi ao médico? A casa está do jeito que ele gosta? Ele está feliz? Tem roupas limpas?* Quem se preocupa com ela? Independência é trazer esse comportamento de solteira para dentro do relacionamento.

Amar, curtir, conviver, mas não tomar a responsabilidade por um homem adulto, nem facilitar a vida dele usando a sua em sacrifício. Será que estamos prontas para ser o centro dos nossos mundos?

❖ CAPÍTULO 8 ❖

O AMOR TRANQUILIZA

"Mulher fala demais, até a gente perder a paciência."

Certa vez, atendi a uma paciente casada com um cara muito explosivo. Vamos chamá-la de Raquel. Como Raquel já estava com o marido havia alguns anos, era possível perceber um padrão que se repetia: quanto mais boazinha ela era, pior ele a tratava. Aquela mulher acreditava que as explosões eram iniciadas por algum comportamento dela, e ia ficando cada vez mais mansa, silenciosa, irrelevante. Ele, porém, era como uma granada. Expliquei a Raquel que permanecer quietinha era como segurar uma granada, cujo pino a qualquer momento era puxado, não necessariamente por ela. Ela riu e concordou. "Você acha normal viver com uma granada na mão, rezando para não explodir?", eu indaguei. Novamente ela riu, mas no fundo achava normal, parte da vida, do esforço que toda mulher faz para se relacionar. Por que optar por viver segurando uma granada?

A base do relacionamento abusivo é fazer a mulher viver sob tensão psicológica sem limites, num ambiente no qual ela sempre está com medo, mesmo que não declarado. Ela lista mentalmente tudo que pode dar problema: Ah, se a gente sair com aquela minha amiga dá problema. Se for a tal lugar, dá problema. Nem vou falar desse assunto, dá problema. Se tudo dá problema, o problema é ele! Todo abuso é travestido de amor, e quando a mulher entende que se acostumou a sofrer, é muito doloroso.

A minha dica é observar. Se você está sempre estressada, com medo, medindo tudo que vai fazer e falar para não irritar o cara, tem um problema aí. E esse problema não é você, não. Que tipo de ser superior ele é para que você e o mundo precisem se adequar a fim de não despertar a ira do príncipe? A primeira reação da mulher nunca é questionar por que o parceiro está agindo como uma criança que não pode ser contrariada. A primeira atitude dela, porém, é o exato oposto: "Eu vou parar de fazer o que o irrita" – e essa é a permissão para que ele continue a destratá-la.

Nada justifica esse comportamento, esse ambiente de tortura, mas muitos abusadores descontam na mulher tudo o que sofrem em outros ambientes (no trabalho, por exemplo, são abusados pelo chefe ou um colega de trabalho). O padrão de abuso sempre é uma espiral, e a não ser que o abusador seja um psicopata, ele desconta em casa a tensão sofrida na rua, porque lá tem permissão para ser o lobo mau. O abusador, portanto, também precisa de ajuda. O que preocupa é quando ele começa a sentir prazer naquilo. Acredito que existam homens que não fiquem confortáveis com isso, mas a situação vai se naturalizando, como tantos outros comportamentos, e eles não sabem agir de outra maneira. E a mulher despersonalizada irrita. Pense comigo: se eu mando no meu marido e ele faz tudo que eu quero – se eu mando ele piar e ele pia; se eu mando ele latir e ele late –, que respeito vou ter por esse indivíduo? Não acrescenta em nada; deixa de ser uma pessoa.

Quanto mais você se rebaixa para tentar diminuir a crueldade, mais cruel o homem se torna. Se alivia a sua situação, com certeza é para não te perder, porque de burro ele não tem nada. Ele machuca, magoa, estressa e pensa: *Vou dar uma maneirada*. Às vezes, porém, isso pode ser fruto de arrependimento e ele vai premiá-la com tudo aquilo que jurava ser possível, como carinho e atenção, apenas reforçando a crença de que se a mulher se comportar direitinho tudo vai dar certo. No entanto, essa é uma dinâmica de castigo e recompensa. Pesou na consciência.

COMO EU SEI SE ESTOU VIVENDO ABUSO PSICOLÓGICO?

A primeira pergunta é: quão confortável você está com ele perto, agora mesmo? Seu celular pode tocar e ser alguma amiga, ou amigo? Ele gosta dos seus amigos? Suas saídas são tranquilas? Falar dos seus problemas para ele é gostoso? Ele a escuta e apoia, sem que encontre um jeito de dizer a você o que fazer? Ele fica nervoso e explode facilmente? Você fica tensa? Você tem permissão para falar o que está sentindo? Você passa o tempo chorando ou sorrindo? Você tem paz?

Se ele não permite que você seja você mesma, não acolhe a sua dor, a sua dúvida, não respeita a sua opinião, não se interessa pela sua visão de mundo, isso não te diz nada? Não a incomoda? Qualquer um tem um mínimo de gentileza com alguém que acabou de conhecer, por exemplo, numa conversa na fila do caixa de supermercado. É por osmose, gentileza, empatia. Como ele consegue ser legal com os amigos e com você é sempre essa pegação no pé? Será que alguém que a critica tanto realmente gosta da sua companhia? E mais: será que você gosta, ou só se viciou?

Você nunca compromete o outro com o que sente, nem o sentimento nem o comportamento. Os dois têm de se comprometer por si mesmos, porque são seres separados. Quem vive só pelo outro se sente completamente vazio quando o relacionamento acaba, e isso é muito comum na dinâmica do abuso. Para a vítima, o abusador é a vida dela toda; ele ocupa cada cantinho do mundo dela (e da mente). Na verdade, a mulher precisa viver em função de si mesma, e apenas junto a alguém (que pode ficar ou ir embora). A ideia de abandono pode até gerar melancolia ou tristeza em um relacionamento saudável, mas não desespero. Se o pensamento de terminar já a desespera, sinal vermelho! Você colocou significados a mais nessa relação, os quais provavelmente está tirando de si.

ABUSO VERBAL

Esse tipo de abuso é campeão e fere muito, além de ir diminuindo a pessoa aos poucos. Até casais compatíveis, que se dão bem e são funcionais cometem abuso verbal e precisam tomar cuidado com isso. No entanto, é preciso diferenciar abuso de desabafo ou desentendimento – algo que acontece (mas não faz vítimas) na igualdade, e não na disputa de poder.

Como diferenciar uma briga normal de uma situação abusiva? Esta última acontece reiteradamente. Você chora muitas vezes ao longo do mês e não consegue ter mais do que alguns dias de paz, até fazer algo que o desagrada. E mais do que isso, ele precisa brigar até o fim, até a sua exaustão ou humilhação, e pedir desculpas não é o suficiente. Eu já atendi a um casal que bastava a primeira caipirinha para, toda vez que eles saem com os amigos, ele tirar sarro dela, da aparência, sempre rindo sozinho, porque aquela mulher não acha graça nenhuma e vai se magoando. Isso é uma forma de abuso emocional; é abuso psicológico. Parece que ele deixa para resolver todas as pendências quando os dois estão em grupo, expondo-a ao ridículo, contando coisas da vida deles e fazendo piada para todo mundo dar pitaco. As pessoas opinam porque não entendem que aquilo é um jeito de constrangê-la e oprimi-la. A mulher fica numa situação horrível. Seria diferente, por exemplo, se após uma explosão ele a xingasse, reclamasse de alguma coisa, mas a dois. Mesmo um casal que se ama e não tem história de violência às vezes briga de uma maneira mais enérgica e perde o controle.

É muito comum homens fazerem piada do corpo e do jeito da própria mulher, falando logo em seguida: "Ah, é brincadeira, você leva tudo a sério!". Ou então: "A sua cara de brava é muito engraçada". Será que eles agem assim com os amigos? A mulher nessa situação dá risada também ou está sempre tentando esconder a barriga que o marido apontou "brincando", ou a voz que ele disse ser alta demais. Ele só está tentando fazê-la "crescer" menos, não sentir que está totalmente confortável ou tranquila naquele lugar. Que péssimo jeito de viver com alguém.

MAS SERÁ QUE EU SEI DO QUE ESTOU FALANDO?

Muitas mulheres têm família e amigos legais, estudaram, possuem todos os recursos para não serem abusadas psicologicamente, mas são, aos poucos, convencidas de que sua noção de realidade não é correta. Lembra-se do exemplo que acabei de contar? O cara faz piada com o corpo da parceira e ela fica triste, mas quem não entendeu foi a mulher, porque ele estava só brincando. Isso a faz acreditar que ela não tem noção da realidade, que o que sente é errado. Aquele homem, que se apresenta como um príncipe, aos poucos começa a dar seus chiliques para educar e adestrar a parceira; menospreza, briga e depois afirma que não foi nada daquilo. Ela nunca entende nada, não tem noção das coisas e o irrita de propósito – justo ele, que faz tudo pela mulher (e a impressão é que faz mesmo, menos deixá-la em paz). Esse fenômeno é conhecido como *gaslighting*, termo que já começou a ganhar as redes sociais.

O termo *gaslighting* tem origem no filme *Gaslight*, de 1944, no qual o marido tenta convencer a mulher de que ela enlouqueceu para ficar com a sua fortuna. Entre diversas táticas para que ela duvide da sua noção de realidade, ele apaga e acende as luzes da casa – atitude muito parecida com a de um abusador de violência psicológica. Aquele homem que usa as palavras de um jeito que a parceira passa a questionar se está vendo certo, entendendo certo ou até sentindo certo. "Mas será que eu estou exagerando?", ela se pergunta. "Será que realmente fiz aquilo que ele disse e não percebi? Será que sou difícil? Será que deveria estar me sentindo bem?" Não existe sentir certo. Se você sente que algo está estranho, ou está tensa, sofre, esse sentimento é seu. Ninguém tem o direito de dizer como você deve se sentir.

Quando há *gaslighting* no relacionamento, absolutamente tudo que aquela mulher diz, quer ou decide é questionado o tempo todo, até ela desistir; se não desiste, fica exausta e começa a escolher por quais coisas lutar e de quais desistir. Se o casal vai viajar, por exemplo, ela se cansa antes mesmo de chegar ao destino, porque ele não assume as reservas e os preparativos, mas a questiona sobre tudo, até que a parceira precise provar com fatos que não está cometendo nenhuma maluquice ao reservar determinada pousada ou agendar aquele *transfer*, que não existe nenhuma opção mais barata, ou melhor ou mais perto do centro da cidade. Sempre que pergunta por que o marido está sendo agressivo, ele responde (com agressividade, veja só) que ela está entendendo errado e vê coisas que não existem. No entanto, aquele incômodo é sentido no radar do coração, mas toda vez que ela indaga o motivo de ele sumir, pois se sente assim, ou verbaliza que está desconfortável com determinada situação, recebe uma avalanche de críticas, brigas violentas, reações desproporcionais à conversa que propôs. A sua capacidade de analisar o contexto é quebrada em todas as instâncias. O abusador a convence de que a vítima não sabe escolher o prato do almoço nem como funciona um relacionamento normal, e que "dramatiza" tudo. É uma relação sem dignidade alguma, que vai minando a sua autoconfiança aos poucos, fazendo-a acreditar que é uma tonta, uma incapaz.

E essa mulher tão incrível, talvez até independente financeiramente, estudada, não sai desse relacionamento porque foi convencida de que é uma pessoa difícil de amar, e de que tudo o que faz gera esse comportamento dele. Presa apenas ao que é bom, pensa que o cara é legal em outros aspectos: *Todo homem é legal, mesmo se tiver problemas. Ele vai mudar. Eu o amo.* Esse abusador, por sua vez, sabe quando pegou pesado e promete mundos e fundos, e vai desenvolvendo na parceira um medo profundo do rompimento, de que ele desista da relação, porque a convenceu de que ela é muito difícil de amar. É um relacionamento de muitas idas e vindas e recaídas. Isso é um perigo, porque quando estamos carentes ou nos sentindo sem amor, pensamos apenas no lado bom da relação, jamais nas noites em claro chorando ou nas piadinhas na frente dos amigos. Nós nos atormentamos e nos culpamos. Faz parte do luto. Lembre-se de novo, antes de buscar o conforto de se sentir amada: sua integridade vale mais.

Por que você se esforça tanto para acreditar que aquilo é assim mesmo ou que não há saída? Você tem saída! Por que não acredita em si mesma? Isso é algo que me incomoda nas mulheres. O homem sabe quem é a mulher de quem ele pode abusar, e isso é triste. Abusa e enche o saco apenas de quem permite. Se você não reagir, se no primeiro sinal duvidar de si mesma em nome daquele vínculo, vai ter coisa errada aí.

A primeira reação mais comum de uma mulher que sofre violência psicológica é pensar: *Eu vou parar de fazer o que o irrita.* Isso ensina o homem que ele pode abusar. Quanto mais horrível, agressivo e grosso ele fica, mais boazinha ela fica. A vítima ensina o quanto o outro pode ir longe. A maneira como você se trata ensina como o outro deve te tratar: se você permite ser humilhada, não foi embora, contou historinha para si mesma, se desculpou por ele, mesmo que não seja de forma consciente.

Por que ficar quando a sensação não é boa? Amor não é uma questão do quanto aquela pessoa é certa no papel, mas o quanto você consegue estar à vontade e ser acompanhada por alguém que a ajuda, não que atrapalha e amedronta. O abusador nunca entra com tudo. Ele vai aumentando a pressão aos poucos, conforme a vítima demonstra que aguenta. E pressão psicológica é uma questão de limite e respeito interno: quem tem, não aguenta; já vai embora.

CULTURA DE ABUSO

Conforme mencionei anteriormente, muitos abusadores são abusados no ambiente de trabalho e depois descontam a frustração na mulher. São homens que vivem violência e opressão, reproduzindo-as em quem está mais perto deles. Isso não é amor. Entenda: quem ama não consegue tratar o outro assim! O padrão de abuso é sempre uma espiral: a tensão vai acumulando, ele explode e depois vira um anjo, um príncipe. E em geral, esse abusador sofreu abusos, ou hoje ou muito cedo, e em casa tem permissão para ser o lobo mau. O abusador também precisa de ajuda, mas isso não é papel da vítima, que, aliás, tem problemas maiores com os quais se preocupar do que salvar o próprio carrasco. O mais sofrido é quando ele começa a sentir prazer naquilo que faz com quem está tão próximo. Acredito, porém, que existam homens desconfortáveis com isso. E a mulher despersonalizada irrita, provocando o efeito reverso do que ela acha que essa passividade vai gerar. Que respeito você tem por alguém que se rebaixa? Quanto mais você se rebaixa para que ele não seja cruel, mais cruel ele fica. Parece que isso o instiga.

E não se iluda: quando ele dá uma aliviada, é para não perder. Ou porque sentiu um arrependimento momentâneo, pesou na consciência. Ele não é irracional nem burro; sabe que está causando sofrimento.

"UMA PALAVRA FERE MAIS DO QUE UM TAPA"

Lembra-se desse ditado do tempo da sua avó? Pois eu vou além: quem tem coragem de ferir com uma palavra está a um passo do tapa. Quando se trata de relacionamento abusivo, o tema entra na moda, mas a conscientização não. Ainda pensamos muito em violência física, porque é a mais evidente, é o ápice. Ao chegar a ela, a vítima provavelmente já está sofrendo violência psicológica, sexual, patrimonial, verbal, ou seja, já está no chão. O cara não inicia a violência esmurrando a mulher; antes, porém, ele pratica outros abusos.

Uma pesquisa demonstrou que, em média, uma vítima deixa o abusador sete vezes antes de abandoná-lo.* Esse é o grande poder da violência psicológica. A mulher amarra um gigante por um barbante naquele relacionamento, e, durante esse caminho, desenvolve distúrbios de ansiedade e depressão, os quais são

---

* NATIONAL DOMESTIC HOTLINE. *50 Obstacles to Leaving: 1-10*. Disponível em: <https://www.thehotline.org/2013/06/10/50-obstacles-to-leaving-1-10/>. Acesso em: 20 fev. 2020.

difíceis de tratar. Quando resolve se separar, sente muita pressão e ansiedade. Meus anos de experiência provaram que o que ela não aguenta na separação são, em grande parte das vezes, os sintomas dos transtornos decorrentes do próprio abuso; por essa razão, ela volta. Tem ansiedade, *flashbacks*, pânico. Esse é o relato de quase todas as mulheres que passam por isso. O abusador, por sua vez, usa de negociação, porque diz que a parceira não pode ficar sozinha e precisa da segurança que ele oferece... Percebe a espiral de loucura? É muito louco, mas ao mesmo tempo toda mulher já passou por pelo menos um relacionamento com violência psicológica. Quando o feitiço se quebra, comenta com as amigas: "Meu Deus do céu, o que eu tinha na cabeça? Como ele me convenceu de que eu era burra e inútil? Como acreditei nele?".

Não se culpe. Jamais. Apenas cuide da sua autoestima, do seu amor por si, como você cuidaria de um bebê, e o resto vai acontecer naturalmente. Nunca mais permita um trato distorcido como esse. Enxergue-se como alguém que você ama muito e a quem tem a missão de proteger.

✤ CAPÍTULO 9 ✤

O AMOR NÃO PRECISA DE DESCULPAS

"Se eu trocar de marido, só troco de defeito.
Melhor, então, aguentar este."

Mulheres são especialistas em criar desculpas para manter a visão de felicidade que elas acreditam que seja a certa. Não só para os homens, mas para os pais, para os filhos, para suas falhas de caráter. Depois de compactuar com uma narrativa, a mulher não arreda o pé, nem que isso custe a própria felicidade. E nesse meio temos toda a cultura romântica ensinada a elas: histórias e mais histórias de amor.

Pense nos seus filmes favoritos: em qual deles não há uma história de amor? Quantas de suas músicas preferidas falam de amor? E de outro tema? Vivemos alimentadas no imaginário por romantismo, e a realidade não poderia ser diferente. O romantismo é comparado a uma forma de vida há gerações, e tudo indica que ainda não existe um substituto tão atraente para satisfazer o nosso ego. Mesmo experimentando, em algum momento da vida, a realidade dos relacionamentos construídos de rotina e de compatibilidade, ainda cremos que alguma coisa está errada conosco se não estivermos vivendo algo similar aos romances que consumimos. E todas as histórias românticas que a gente compra são criadas segundo a visão dos homens. É muito recente a entrada da mulher na produção cultural, pois nós fomos barradas nesse meio por muito tempo; quando não éramos, precisávamos empregar a visão masculina para que a história fosse publicada ou filmada. E qual é a visão de romance que o homem tem? Ele dá as cartas, fala grosso, defende a honra, a família, resolve tudo. A mulher tem de ser boazinha para ser feliz, de fala mansa, jeitinho carinhoso. Mulher não entra em conflito, ela é a costela do homem. Se não for assim, não tem chance. E daí não tem como dar certo uma boazinha se casar com um valentão. Essa mulher vai passar a vida criando desculpas para o comportamento desse cara, porque ele incomoda, por mais que ela tente colocar panos quentes. Incomoda e machuca.

Assisti a um vídeo sobre as mulheres libanesas, e naquele país cresce cada vez mais o número das que optam por não se casar, por perceberem que não é uma vida tão boa assim.* Essas mulhe-

---

* Al Jazeera. *Lebanon: Single By Choice*. Disponível em: <https://www.aljazeera.com/programmes/aljazeeraworld/2018/06/lebanon-single-choice-180618073525895.html>. Acesso em: 20 fev. 2020.

res estudam, trabalham, saem à noite... Quando se casam, porém, viram propriedade do marido. No Líbano, se uma mulher trai o parceiro, ele pode matá-la, ou tem o direito de prendê-la em casa, assinando por ela todos os documentos que lhe garantam seus bens. Resumindo, ele pode fazer o que bem entender com a mulher, pois ela é propriedade dele. E se essa mulher que entendeu o que é ser livre, é claro, não quer se casar. Mas eu me pergunto: será que não existem casamentos no Brasil que, na prática, não funcionam assim? Apesar de a lei não concordar, a sociedade brasileira dá o aval para a violência, para o cárcere privado, para o sufocamento daquela mulher? Continuamos achando que a vida só começa quando se casa? Para muitas, o casamento significa o fim da vida.

Você conhece a analogia da rã? Rã é um prato sofisticado, e para o cozinheiro prepará-lo ele primeiro coloca esse anfíbio em água fria, para depois levá-lo ao fogo. A água vai esquentando e esse animal não percebe, até ser tarde demais. O abusador nunca entra solando. Aos poucos, ele faz a mulher se acostumar com a dor. Se você colocar a rã numa água fervendo, ela vai pular para fora da panela; se puser na água morninha, confortável, e for aquecendo aos poucos, ela será cozida sem nem perceber. Mulher tem que parar de ser rã, pois está lá na panela quebrando a cabeça para justificar por que ele a colocou lá.

O amor não dá desculpas, não cria historinhas para abafar os fatos. Em um relacionamento saudável, você não precisa deixar de conviver com amigos e família porque está exausta de tanto explicar o comportamento do parceiro. Já conversei com mulher que levou uma porrada na cara, quebrando-lhe os dentes e afundando seu maxilar, e que recebeu como justificativa: "Eu fiz por amor". Como ela não questiona que isso está errado? A dor, a humilhação, o sentimento de culpa são dela, porque aprendeu que precisaria dar desculpas para manter um amor, um casamento, uma estrutura familiar.

Quanto mais permissiva a vítima continua sendo, mais o controle sobre ela piora, desencadeando o aprisionamento e a despersonalização, pois com a manipulação abandona-se a individualidade. Passa-se a ser uma extensão do outro. Quando você se torna a extensão do parceiro, ele vai se relacionando com ele mesmo. E, se é assim, ele pode mandar e desmandar. Então, vocês se confundem. Vocês se fundem e se confundem. O abusador desenvolve muito poder, porque controla e manipula a vítima por meio da sedução. Ao analisá-la, percebe maneiras de manipular. Sabe se ela está infeliz, insatisfeita; sabe quem tem que mudar. Se você não muda, mas arranja desculpas para trazer valor às ações dele, então o sinal é verde.

Eu vejo mulheres que participam do Casos de família, e mesmo no meu consultório, cujo marido fala sem a menor vergonha: "Enfiei a mão na cara dela". Ou diz que a traiu mesmo, que prefere dormir com a outra. E as esposas ali, caladas, passivas (quando não abrem a boca só para passar pano para ele)! Mulher assim tira a responsabilidade do cara, com discursos como: "Ela se ofereceu"; "Homem tem carne fraca"; "Ele fica nervoso". Você se contenta em se relacionar com uma desculpa? Ninguém tem a obrigação de lidar com nada. Isso é viver o conto de fadas! E na história real o príncipe realmente era um safado, que podia fazer tudo, pegar todo mundo, e ainda trancar a mulher no castelo.

Muita mulher aceita relacionamento aberto unilateral: enquanto ele está ali vivendo tudo, saindo, bebendo, ela está presa dando conta de alguma urgência com os filhos, ou exausta da jornada dupla, e só quer saber de dormir, sem pique para caçar, concordando com o pedido de abrir a relação por medo de perder. E isso só dá certo até o dia em que ela arranja energia para sair de casa e ele surta. Acompanhei a história de um casal assim. A mulher aceitava abrir a relação para não perder o marido; ele, por sua vez, tinha um discurso supermoderno, da liberdade, da igualdade... até a página 2. Foi então que ele se apaixonou por outra, porque existe esse risco quando as pessoas estão conhecendo mais gente.

Veja bem, eu não sou contra relacionamento aberto. Este capítulo é sobre o erro das desculpinhas perante os maus-tratos. Aquela mulher não entrou em uma relação aberta para se libertar, para sentir algo diferente, mas para continuar com o parceiro. E é claro que assim não funciona!

Sabe qual é o resumo da história? Na vida real, a desculpa nunca funciona.

❖ CAPÍTULO 10 ❖

O AMOR É GENTIL

"Você nunca entende nada."

Amor só existe quando é com gentileza. Já ouvi de muitas mulheres: "Meu marido é muito bom, o problema é que ele é grosso, bruto". Um homem assim está sempre dando coice na parceira, diminuindo o que ela faz ou fala, ou fazendo piada de sua aparência, respondendo atravessado, acordando mal-humorado. Essa falta de gentileza deixa a vida de quem está ao redor amarga, e impõe que a mulher deve aceitá-lo mesmo se ele a machucar com palavras todos os dias. Não podemos nos acostumar com nada que machuca.

A mulher que vive um relacionamento abusivo fica cada vez mais boazinha. Por que continuar sendo boazinha, já que o sofrimento não suaviza o temperamento do parceiro? A resposta é a seguinte: por uma tática de sobrevivência, ela se poda cada vez mais – e, na maioria das vezes, nem percebe o que faz. Vai se diminuindo, entrando numa corrida de antecipação daquilo que pode ser o gatilho para uma invertida dele. Acredita que pode se antecipar e se comportar de um jeito que não cause brigas. Eu chamo isso de Técnica da Vaca de Presépio, quando ela acredita que se virar um bibelô natalino ele vai parar de pegar no pé. Mas pense comigo, se para o relacionamento ser bom você tem de ser uma vaca de presépio, o cara não te ama, mas, sim, uma extensão do ego dele. E isso você não tem querer. Esse é o tipo de amor pelo qual você quer trabalhar?

QUEM AMA PELOS DOIS VAI SOFRER DOBRADO

A primeira coisa que um abusador faz é desacreditar a mulher, utilizando como mecanismo uma boa dose de palavras duras: "Deixa que eu resolvo! Você não sabe nada disso", diz após arrancar algo das mãos dela, ou demonstrando que ela é fraca, confusa ou louca. Você quer ver uma mulher perder o controle? Basta chamá-la de louca. Isso porque, ao longo da vida, escutamos tantas vezes que somos loucas que a irritação é inevitável. Louca por quê? Louca, ou simplesmente não está dizendo o que ele quer ouvir? Ela pede ajuda, mas não está firme. O abusador, então, passa a difamá-la, a desacreditá-la repetidamente, fazendo-a duvidar da própria percepção. A vítima vai perdendo a confiança em seu próprio critério de avaliação. Ela o achava maravilhoso, e de vez em quando ele ainda é. Uma mulher nessa situação sente a mágoa pelo que ele faz, mas se pergunta: "Será que não estou criando caso com apenas algumas chatices? Será que deveria me importar tanto com o que me machuca?".

Nossos afetos são um espelho, conforme já expliquei, do valor que damos a nós mesmas e daquilo que julgamos merecer. Você não tem valor para si? Acha que não vale nada e que depende de você manter a boa relação (afinal, ele não a está traindo, nem batendo em você)? De onde vem isso? Repito, como qualquer forma de amor, as raízes desse problema estão na nossa educação. Pode ser o que vimos nossa mãe fazer, e por isso achamos que um relacionamento normal é assim. Ou então, podemos ter sido criadas num ambiente de muita briga e, portanto, atribuímos esses desentendimentos ao fato de nossa mãe abrir mão de si mesma em nome da paz da família. Percebe como o abuso é velado, vai criando um ambiente de tensão e muitas vezes é confundido com grosseria? Culturalmente, sabemos que as mulheres estão eternamente se adaptando, se virando em duas, em três para dar conta das coisas; um homem que recebe meia crítica, por sua vez, só falta subir no teto de frustração.

Tudo é permitido para qualquer pessoa, até estar em relacionamentos abusivos. No entanto, olhe-se no espelho e concorde comigo: mesmo com seus defeitos, você merece um relacionamento mais gentil.

O que mais confunde o coração da mulher é a brincadeira. Depois que são confrontados, os homens adoram dizer que tudo não passou de brincadeira. São muitas as mulheres que, repetidamente, são chamadas de burras ou que têm a aparência criticada por seus companheiros – e estes dizem que só estão brincando. Nessas brincadeiras, porém, há muita descrição detalhada sobre o que o incomoda naquela mulher. E até uma criança sabe que brincadeira que magoa o amiguinho é um vacilo gigante. Até seu filho entende que vai deixar o colega triste se repetir que ele é burro ou feio! Tudo que humilha e/ou constrange você, deve acionar seu radar interno.

Ao contrário dos homens sutis, há aqueles que são descarados, que xingam as parceiras de puta, vagabunda, estúpida, bagulho. E geralmente, quando o abuso verbal é muito violento, ele vem acompanhado de abuso físico. É uma questão de tempo. Um homem que fala da sua reputação, que quer saber quem você namorou ou com quem dormiu, para depois jogar isso na cara, fazendo do relacionamento um jogo de pontuação, está sendo o oposto de gentil.

Todas nós conhecemos mulheres que são ofendidas pelos parceiros, muitas vezes na frente de todo mundo, e não reagem. Por estarem muito fragilizadas, desacreditadas, não respondem ao escutar: "Você não presta pra nada"; "Você tá um bucho"; "Você tá feia"; "Eu tenho vergonha de sair com você". Uma mulher nessa situação perde apoio e credibilidade, e vai se perdendo de quem está em volta também, já que lhe dirão que ela gosta de apanhar. Quem tenta ajudar gasta muita energia com aquela amiga ou irmã, e entende como ingratidão o fato de ela não se rebelar contra aquele cara, mesmo com a oferta de auxílio. Não há como internar a pessoa compulsoriamente (dá vontade, mas não podemos). Após gerar raiva nos outros, ela confirma tudo que ouve do abusador. Está vendo? Difícil é ela. Ele passou tanto tempo dizendo isso (e agindo para que ela acreditasse nisso) que, de alguma forma, a vítima vê razão no que ele diz.

Eu já atendi ao caso de um homem que falou no consultório, durante a terapia de casal: "Você me traiu". A companheira ficou chocada, porque nunca olhou para o lado! E ele continuou: "Olha a mulher que você virou. Não foi com essa mulher que eu me casei, você está horrível". Ela chorou. E eu precisei me controlar, pois tive vontade de gritar. Em geral, um cara que age assim não é nenhuma maravilha, né? Em grande parte das vezes, essas vítimas se deformaram com o intuito de o cara parar de ter ciúme delas, numa tentativa inconsciente de não chamar atenção, de não atrair mais problemas para si mesmas. E o que acontece? Os parceiros passam a prestar atenção em outras e vão embora. Elas colocaram camadas e camadas de gordura para se proteger, achando que ao se apagarem conseguiriam manter o casamento.

Precisamos parar de olhar para uma mulher que sofre abuso verbal e achar que ela está bem porque não apanha (é só questão de tempo) ou que não se separa por ser fraca ou por gostar de sofrer. Ela vai se sentindo tão infeliz que não consegue reagir, tendo em vista que sua autoestima está muito baixa. O resultado: começa a acreditar em tudo de ruim, e entra em depressão.

Muitos homens fazem ameaças, dizendo que vão tirar os filhos dessas mulheres, que ninguém nunca vai aguentá-las, que deveriam agradecer por eles estarem ao lado delas, ou que se saírem de casa ficarão sem nada, na miséria: "Eu logo vou me refazer. Você vai ficar aí encostada". Nossa, é tudo muito destrutivo, acompanhado da transferência de responsabilidade para elas, que nunca entenderam o que eles disseram – ou, se entenderam, foi por culpa delas.

As palavras ferem, magoam, fazem chacota, humilham e constrangem, e a tendência de cuidar da saúde mental sempre fica em segundo ou terceiro plano. Você acha que vai dar conta, que vai passar.

SÍNDROME DE CUIDADORA SEM SALÁRIO

Muitas mulheres passam o dia encolhidas, com medo do próximo "tiro" do marido, que só as detona e lhe faz coisas horríveis, mas olham para mim e falam: "Eu o amo. Ele vai mudar, ele fez isso porque eu dei motivo". A mulher toma para si lutar para que o parceiro melhore, porque é socializada para ser uma cuidadora profissional: dos pais, filhos, irmãos e marido. E precisa de muita consciência para desligar a chave da culpa e da responsabilidade que ela não pode ter. É uma ilusão muito arrogante achar que você pode controlar o relacionamento todo a partir do seu comportamento, que vai conseguir conduzir o outro.

Atentar-se ao que sente é um santo remédio, porque você pode até fingir que não vê, mas vai sentir mágoa. Observe se você sempre precisa ceder em nome de viver bem, se ele sempre apronta algo ou lhe diz coisas que fazem doer, se você finge que não está vendo o quanto o parceiro a machuca, ou se se convence de que, mesmo ferindo, aquele é só o jeito dele, afinal ele gosta de você.

A maneira como o outro escolhe não enxergar o que está acontecendo muda de caso a caso, mas quanto mais você vai deixando para lá o que fere, pior fica a situação. Nunca se acostume com o que te machuca.

Se você passa o tempo todo olhando para o que o marido quer e como ele reage, mude de atitude e aprenda a se direcionar para as suas necessidades. O que você acha desse comportamento dele? Como você se sente? Está confortável? Está aproveitando a vida ou se preocupando se o agrada? Cuide-se como você cuida do outro. Esse é um direito de todo mundo. Não ignore as suas necessidades, e pare de olhar somente as dos outros. Ao minar o seu amor-próprio, você vai se sentindo desprotegida. Sente falta de alguém que cuide de você, mas a carência que tem é de si mesma. Se estivesse se dando esse cuidado, não transferiria a ninguém essa necessidade e responsabilidade.

✦ CAPÍTULO 11 ✦

O AMOR EMPODERA

"Tá reclamando? Deve estar de TPM."

Nos últimos anos, empoderamento virou uma palavra muito comum nas redes sociais. Apesar de tantas definições, acredito que esse termo signifique o poder de decisão da mulher. É o fortalecimento psicológico e material para que ela decida pensando apenas em si mesma. Se uma mulher permanece num relacionamento pensando na família, na sociedade, no medo de ficar sozinha, na fraqueza, na necessidade de ter um homem que cuide dela, cadê o poder dela? Onde ela guardou, ou melhor, onde escondeu o seu poder de escolha, de persuasão de personalidade, de superação, entendimento? Acredito que livros como este, canais de YouTube, conteúdos para mulher, precisam acima de tudo trazer essa compreensão para a retomada do poder pessoal. Se você investe em si mesma, passa a ter escolha. Se ganha o próprio dinheiro, tem sua casa, pode olhar para diversos homens e entender qual tem a ver com você, e não aceitar aquele que está ali como se fosse o único. Investir em você é investir em compreender do que você precisa e se está recebendo isso ou não. Quem não entende o que está acontecendo, não sabe agir.

Estas páginas não tratam dos homens e do que eles fazem conosco, mas do que estamos fazendo para viver, para nos proteger, e porque uma mulher não rejeita imediatamente um homem que a constrange, que pega no pé dela, que faz com que ela se sinta difícil de amar.

O empoderamento se baseia na igualdade de direitos e oportunidades, mas não de comportamento. Não temos que ser iguais aos homens, nem viver sob uma narrativa de disputa de poder, insegurança, uma narrativa bélica que foi reforçada por tantos anos. Dentro da igualdade, acredito que vamos conseguir ser uma versão melhor de nós mesmas, para nos respeitar e impor limites ao que os outros podem fazer com a nossa vida, com o que nos faz bem e o que não faz.

Empoderar-se, na maioria das vezes, é enxergar o que existe de você naquele relacionamento. As qualidades que projetamos nos parceiros costumam ser nossas – amor, proteção, força, intensidade (tudo isso é seu) –, as quais acreditamos que só um parceiro nos dará. Faça-se estas perguntas: "Sinto-me amada num relacionamento abusivo? O que há de mim que eu busco no outro? O que o outro desperta em mim?". Temos que analisar as situações. Quanto mais eu gosto de mim, melhores escolhas eu faço para minha vida.

Permanecer num relacionamento abusivo é uma situação ruim, mas conhecida. Você sabe o que deve temer, sente que entendeu o que pode acontecer e como lidar com isso. Pode ser uma porcaria, porém é uma zona de conforto, é a merda garantida, como a gente chama. Você está na merda, mas sabe como agir nela. Se sair dessa zona de conforto, não sabe mais o que temer, que surpresas a vida jogará para você administrar. E, pela baixa autoestima, vai tendo medo de tudo: de ficar sozinha, não sobreviver, não conseguir criar filhos, não trabalhar e perder os filhos... O mais monstruoso é como o abusador faz a vítima se sentir inútil, sem valor e sem chances. E é ainda mais triste como ela foi, aos poucos, permitindo que isso acontecesse, agarrando-se à crença: "Ruim com ele, pior sem ele". Porque ele oprime e machuca, mas também protege.

O abusador mostra que pode fazer o que quiser com você, mas ao mesmo tempo, na sua mente (que está fragilizada), parece que ele não permite que ninguém mais a machuque. Veja só, essa é a Síndrome de Estocolmo! Após uma lavagem cerebral, você acredita que, no fundo, é melhor sofrer nas mãos dele do que nos perigos do mundo. E apenas com tratamento, com ajuda, você voltará a entender que a vida não é feita de sofrimentos impensáveis e fatais. Sua falta de confiança nos outros é falta de confiança em si mesma.

Você foi tão desacreditada e tolhida que mal sabe quem é e o que quer. Esse talvez seja o maior desafio de quem quer se livrar de um relacionamento abusivo, porque a vítima não confia mais no próprio discernimento, na capacidade de ler o outro, no próprio crivo e intuição. Ela não acredita que vai conseguir se livrar de padrões abusivos em outros relacionamentos, então é melhor ficar no que já conhece. Muitas mulheres que acham que nasceram para receber muito pouco da vida receberão de si mesmas muito pouco. Se você acha que não merece mais que aquilo, não vai brigar por mais.

O empoderamento é essencial para sair desse raciocínio de que exista qualquer tipo de proteção que você pode esperar de alguém que não de si mesma.

Por que eu tenho que continuar infeliz? Ou melhor, por qual razão acredito que não se pode ter tudo? Não há como ser feliz e plena? Sempre vai existir algo errado? Não mesmo! A vida e o relacionamento podem passar por dificuldades, mas não deixam vazios, indignidades, sensação de falta, medo, dependência ou apreensão.

✤ CAPÍTULO 12 ✤

O AMOR É CARINHOSO

"Isso é falta de p!nt*."

É um crime roubar de outro ser humano a experiência da própria sexualidade, em qualquer sentido. E muitas mulheres entregam a própria sexualidade, seus direitos reprodutivos, suas decisões nas mãos do parceiro, pela força física ou por forças mais sutis, como a chantagem.

Abuso sexual é mais do que aprendemos ao longo da vida, e é importante que a mulher se dê conta do que ele pode ser. Historicamente, a noção de que não somos propriedades dos homens é um tanto quanto nova (e em alguns países ela sequer chegou). Quando o parceiro força a relação ou o contato, se não respeita as vontades da mulher, acreditando que ela tem obrigação de transar só por serem casados ou namorados, isso é abuso sexual. E é muito difícil uma mulher casada entender que quando ela não tem vontade de transar, mas o marido decide que sim, trata-se de estupro. Mesmo as autoridades têm dificuldade de compreender que aquela mulher não é uma boneca inflável ou uma propriedade daquele homem, como se precisasse transar toda hora, sem poder dizer não ou sem que ele procure se satisfazer fora de casa. Negar sexo, portanto, seria trair o princípio do casamento.

Outra modalidade de abuso sexual é aquela que descumpre acordos, como quando o casal está tendo uma relação e ele decide que quer fazer algo que a parceira não quer, desrespeitando-a. Ela estava consentindo a relação até então, mas por que ele não para quando ela pede para parar? Limitar os direitos reprodutivos da mulher também é uma forma de abuso sexual. Como quando um homem se recusa terminantemente a usar camisinha, mesmo com a parceira pedindo – comportamento que arrisca a vida dela e não a respeita, deixando-a desconfortável –, ou não permite que ela tome anticoncepcional, visite o ginecologista. Há ainda casos de maridos que obrigam a parceira a fazer um aborto porque não querem o filho. Tudo isso é violência sexual. Além de roubar o seu prazer, ele rouba a sua humanidade, o seu direito de decidir sobre seu corpo e sua intimidade.

Por conta do machismo de tantos séculos, o abuso sexual muitas vezes entra numa zona cinza do relacionamento. A mulher passa por ele, sofre, mas não percebe o quanto aquilo estava errado, até ouvir a história de outra mulher, por exemplo. Antes, quando um casal se casava, a mulher era virgem, não tinha critério de comparação; ninguém falava sobre isso. Como não havia a possibilidade de sair da relação, eles ficavam juntos a vida inteira. Então, ela nem sabia que transar com ele era um horror, nem que existia coisa melhor no mundo, que poderia ter mais opções. Essa mudança de paradigma está sendo boa para as mulheres, mas traz muito efeito rebote de violência sexual, porque esse homem não sabe reagir e acaba voltando para os recursos do pai dele, do avô. Isso, porém, não é mais aceitável.

A maior disfunção sexual hoje em dia é a ejaculação precoce, problema que eu mais ouço ser relatado em consultório, cuja razão costuma estar na ansiedade de desempenho. O homem ainda está num lugar emocional de não saber lidar com o fato de ser avaliado (algo com que a mulher aprende muito cedo a lidar, porque até homens que não a conhecem se sentem no direito de avaliá-la). Antes, o homem não era avaliado, não tinha comparativo; hoje, contudo, ele tem. As mulheres já conhecem a desculpa que todo homem com ejaculação precoce dá: "Você é tão gostosa que não consegui segurar". Torna-se mais difícil ser enganada pela ignorância. A mulher se casava virgem, sem entender nada de sexo. Eu fui uma dessas que se casaram bem bobonas. Não era virgem, mas nunca tinha tido outra experiência, e sei como é fácil manipular uma mulher que não tem muita vivência nem informação.

O abuso sexual é um tabu discutido por poucas mulheres. Dora Figueiredo, uma youtuber jovem, fez um relato de relacionamento abusivo que explodiu e abriu os olhos de muitas mulheres; depois, ela participou de um TED* contando que passou por isso num namoro e demorou muito a perceber. Ela fala sobre violência doméstica como um todo, e descreve situações que as mulheres dificilmente notam se tratar de abusos. O sexo era consensual, mas o namorado precisava agredi-la durante o ato, sacudi-la. E ela achava que poderia gostar disso, mas ignorava os sinais do coração de que na verdade aquilo não era um desejo seu, tanto que chorava durante a transa. Nada contra as mulheres que gostam e até pedem para apanhar, mas essa garota estava ignorando os sinais que seu radar interno emitia. Em sua palestra, ela descreve que levou surras inteiras durante o sexo, sem gostar ou pedir. Que prazer uma mulher que passa por isso tem?

Há ainda as mulheres que incorporam o que os homens acham que elas são mesmo: uma vagina, que serve para que eles se masturbem a dois. Elas não ganham um beijo a mais, uma preliminar, não sabem o que é um orgasmo e nunca podem negar sexo, porque morrem de medo de que o parceiro procure fora de casa ou fique violento. "Sou uma mulher que nasceu para servir ao homem", ela acredita.

Se o sexo não está bom, tem algo de errado nele, é preciso conversar e contar para o seu parceiro o que te agrada até que o sexo fique bom para os dois, porque sempre dá para conversar e

---

* A palestra de Dora Figueiredo está disponível em: <https://www.youtube.com/watch?v=FQ-LkwyWHB4>. Acesso em: 20 fev. 2020.

ir falando do que você gosta, até ficar maravilhoso. Os homens reclamam que as mulheres têm menos desejo, fazem piada sobre elas nunca quererem transar, no entanto alguém em sã consciência pediria por mais de algo ruim? Se não querem transar toda hora é porque aquilo não tem benefício para elas! Por exemplo, você não aceitaria receber uma massagem profissional, dessas de uma hora, todos os dias? O benefício, o prazer, está claro! Se o sexo não é bom, melhor dormir ou ir fazer outra coisa. É claro que aquela mulher gostaria que fosse melhor, mas o parceiro não a escuta, não pergunta, não se importa.

Há, ainda, os homens que negam sexo e carinho para as mulheres, e ainda jogam a responsabilidade para a parceira. Privar o outro do contato e da intimidade é uma forma de controle. Existem homens que falam: "Não consigo tocar na minha mulher porque ela engordou". Ou, então, alegam que ela é péssima ou que cheira mal. Roubar a mulher da sensualidade que ela tem naturalmente, mesmo se não estiver no padrão de corpo, é um abuso.

Para quem começa a perceber que o sexo com o parceiro está abusivo, saiba que o momento não é de se culpar, mas de se compreender, se escutar e entender como você funciona nos relacionamentos. Por que o deixa avançar o sinal sem ir embora? Por que permite que isso continue? Se você não se conhece, não tem clareza do que a agrada e o que a desagrada, do que pode e o que não deve, como terá relações equilibradas? Entenda principalmente que relações são feitas de duas pessoas, então há 50% de responsabilidade de um e 50% de outro. É claro que você não é e nem nunca será responsável pelo comportamento violento dele, mas é responsável por sair fora dessa situação.

Muitos são os discursos contra essa mulher que percebe que sofre abuso sexual dentro da relação. Diversas pessoas tentam amenizar o peso dessa violência argumentando que a gente tem de aprender a lidar com as frustrações do casamento, que os homens são diferentes, são difíceis mesmo. Há um lindo discurso que justifica que seu prazer, sua liberdade não valem o bem-estar daquele cara. Isso é lavagem cerebral. E na maioria das vezes, quando não está bom na vertical, também não está na horizontal. Um relacionamento conflituoso não funciona bem na cama. E se o sexo é bom, mas ele não trata você bem, quão bom acredita que vai ser nos próximos anos? Não adianta o sexo estar funcionando se vocês mal se olham durante o dia. Se todo o resto for bom, é garantido que o sexo será melhor ainda. Porque sexo é pura comunicação.

Engana-se quem acredita que existe um tesão maior entre opostos ou pessoas que não se compreendem. Sexo é entendimento também, é uma grande conversa que precisa continuar evoluindo ao longo dos anos. Você está conversando ou presenciando um monólogo?

✤ CAPÍTULO 13 ✤

O AMOR SENTE

"Homem nunca fala o que sente, mas dá
para ver que ele está sofrendo."

Neste livro, nós falamos muito dos efeitos dos atos dos homens na vida das mulheres, mas acredito que seja necessário abordarmos o quanto o contexto atual é confuso para eles, e o quanto saíram enferrujados e prejudicados pelo machismo. E há um motivo para tanto: esses efeitos foram construídos muito antes de esses homens nascerem.

O machismo faz mal para as mulheres e também para os homens, que são privados de ter uma vida emocional rica, de compartilharem intimidade com as parceiras. Fica tudo muito raso, muito pequeno, e eles acabam sendo tratados como crianças, como incompetentes. Há também a questão da mulher que reproduz machismo. Homens têm mais dificuldade de falar de sentimentos, e eu acho que não sabem nem nomear sentimentos de vez em quando, pois são criados para não demonstrá-los.

Uma vez atendi a um casal que estava prestes a se casar. Os dois eram lindos, bem padrão de beleza. Ele, um homem grande de mais de 1,90 metro, era advogado; a mulher era engenheira ambiental. Os dois foram viajar a uma reserva natural, e o hotel em que se hospedaram foi infestado por baratas, o momento menos propício para descobrirem que ele é fóbico, ainda mais a algo muito associado às mulheres. Eles quase terminaram o relacionamento, porque ela não entendia aquela fobia dele. Ele, por sua vez, sentiu-se muito envergonhado: "Como é que eu, um homem deste tamanho, forte, que faz tudo, vou perder minha vida por causa de uma barata?". É esse o efeito do machismo na vida das pessoas, ele paralisa com crenças preconcebidas do que deve ser um homem, do que deve ser uma mulher, e ninguém consegue viver quem é e superar os problemas fora dessa fórmula. O machismo não contempla o que os indivíduos têm de único para além dessas crenças de gênero.

Os homens ainda não sabem se posicionar diante do tempo que estamos vivendo. As mulheres conquistaram tanto, estão todos os dias buscando a própria voz, a própria independência, ganhando espaço. Eles não sabem que papel assumir, porque o que aprenderam claramente não funciona, e enquanto elas se reinventam, eles continuam sem conseguir se lembrar de coisas básicas, assumir a criação dos filhos, o trabalho doméstico, a conversa no sexo; afinal, é duro dividir parte de todo o trabalho que a parceira realiza sozinha. Claro que o time que está ganhando prefere continuar folgado se ninguém apresentar os benefícios dessa divisão. O dia que o homem perceber tudo o que perde sufocando o potencial da companheira, sem intimidade com os filhos porque não cuida deles, vai entrar em parafuso de arrependimento. E às vezes a mulher também não o exerga nesse papel. É obrigação dela acolher, cuidar, dar conta de tudo.

Ainda hoje os papéis são muito reforçados, e as indagações persistem: "O que é um homem? O que é a mulher? Como eles vão se relacionar? Por que a criação das crianças mudou muito pouco?". Quando o menino, ainda pequeno, chora, o pai e a mãe o repreendem: "Pare de chorar! Parece uma mulherzinha". Até esse aspecto a respeito da mulher é depreciativo. Tanta conquista, e ainda ser mulherzinha é a que chora, a que demonstra sentimento... Estamos vivendo uma verdadeira glamourização de ter filhos, fazendo da maternidade um novo nicho de consumo que só reforça esses padrões de gênero da época das nossas avós. Um exemplo é a moda do chá revelação, que parece ser feito apenas para imprimir uma característica de menino ou de menina antes mesmo de a criança nascer. Quando o mundo fica moderno demais, a gente volta para a Idade Média para compensar.

Quem cria homens somos nós e nossos companheiros, então temos sempre que pensar no que estamos passando. Quantos casais modernos ainda ensinam aos filhos que eles podem tudo, enquanto as filhas não podem nada? Quantas mães saem recolhendo toda a bagunça das crianças e obrigam a filha a arrumar a cama e a lavar a própria calcinha? Perpetuamos o machismo tratando os meninos como reis e as meninas como mais adultas do que realmente são. E se a mulher peita, se é forte, ela é "uma vaca". Eu conheço bem isso, porque leio os comentários no meu canal do YouTube. Toda vez que falo sobre relacionamentos abusivos, critico os homens, chovem comentários desse tipo, repletos de grosserias como: "Sua vaca! Você precisa de um homem para melhorar" (mal sabem que sou casada; e se isso resolvesse o problema das mulheres o mundo seria mais fácil). Ninguém mais sabe como agir, nem homem nem mulher.

Na criação dos homens, é interessante que sejam estimulados a serem cuidadores também. Eu acredito que o começo de uma virada de mesa para as mulheres e para os relacionamentos é o seguinte: os homens se enxergarem desde cedo como cuidadores, e não apenas como tomadores de benefícios; e as meninas se tornarem independentes (movimento um tanto quanto comum na nossa época). Porque todo mundo tem que ser tudo, tem que ser completo: razão e emoção; afeto e independência; amor e liberdade.

No entanto, as mulheres precisam se questionar partindo do radar do coração. Elas são vistas ali naquela relação? Estão plenas no trabalho? Sentem apoio e parceria? Se entraram num relacionamento ruim, não podem se culpar, mas se perguntar: "O que me levou a isso? Por que permaneço nesta relação?". Eu acredito que o homem dê indícios sempre, por mais que disfarce. O discurso de "eu vou te proteger" já coloca o outro num patamar inferior. É lindo, né? "Ai, que romântico." O que um homem realmente quer dizer com isso é que você é mais fraca! Que ele acha que mulher é protegida e homem é protetor.

Analise no seu parceiro como ele entende o papel da mulher pelo que ele fala, por como se relaciona com as outras mulheres, até com a própria mãe. Ele pode até estar te tratando bem no começo, mas se o conceito de mulher dele for submisso... é só uma questão de tempo. A mulher não tem essa percepção. É muito confortável ser salva, ter a ilusão de que bom mesmo seria achar um marido milionário, aí a vida estaria resolvida. Que bobagem! E a sua individualidade, sua felicidade? Você acha que isso vai ser resolvido só por deixar de pagar boleto, mas ter de servir a um cara que não a vê de igual para igual? Não!

Observe como o machismo deixou o mundo e perceba que ele também tira a liberdade dos homens de serem quem são, cultiva a violência, as relações baseadas em dominação e poder sobre o outro. Claro que, quando falamos de igualdade, não queremos ser assim, não é mesmo? E toda a verdade em que cremos veio de uma voz masculina de figura de autoridade. Na nossa cultura, Deus é homem, Cristo é homem, Buda é homem. A referência é sempre masculina. Precisamos nos enxergar no mesmo patamar deles, buscar essa visão de igual para igual e, a partir daí, construir um mundo de parceria, novas regras.

CAPÍTULO 14

O AMOR É RESPEITOSO

"Todo homem trai. Para eles, é diferente."

Traição é um dos temas que mais incomodam as mulheres, e hoje, em pleno século XXI, um dos que mais ferem, magoam e terminam casamentos. Muitas passam por relacionamentos abusivos com a desculpa de que pelo menos aquele cara que só as agride e briga com elas é fiel. Por isso, acredito que seja importante estabelecermos alguns limites quando falamos sobre traição, um tema que pode ser pertinente para um livro que tem o amor como temática.

Acredita-se que o homem tem vários compartimentos, e a esposa é a esposa. Ele pode ter amantes, um casinho, e mesmo assim tudo segue igual, enquanto a mulher não ganha a mesma permissão social. As pessoas aprenderam a passar a mão na cabeça do homem e acreditam que mesmo num casamento funcional ele vai dar as fugidinhas, as quais até ajudam na relação. Estaria tudo bem se fosse combinado, sem que ninguém fosse enganado, e a parceira tivesse o mesmo direito, não é mesmo?

O que acho importante é deixar claro que nem todo abusador trai, enquanto nem todo traidor é um abusador. Ele pode não ser o melhor cara, mas não está cometendo um abuso por se interessar por outra pessoa. Agora, comportamentos abusivos para esconder ou perpetuar uma traição existem, como enganar a mulher, mentir, fazê-la acreditar que está louca, ou que vê coisas, ter crise de ciúmes para abafar que passou a noite fora, fazer *gaslighting* ou até abuso patrimonial. Tudo isso caracteriza um relacionamento abusivo.

Há também o comportamento abusivo de quem sempre acha que está sendo ou vai ser traído, que, desconfiado, sufoca o outro para se proteger. Quem aprisiona o outro para não se estressar na busca por traições ou enxerga deslealdade em tudo também está sendo abusivo. No fundo, o desconfiado se acha um lixo, não acredita na capacidade de manter a atenção de alguém só porque ele ou ela é interessante, legal. Acha que não há o que impeça uma oportunidade de ser traído e que, quando isso acontecer, vai ser destruído. O duro é achar que você só existe por conta do amor do outro, afinal ninguém morre por causa de ninguém. Se você foi traída, lide com isso sabendo que é só uma fase a ser superada. Esses são os comportamentos abusivos em torno da traição, mas a traição em si não é abusiva.

A simples traição pode vir de um marido excelente, generoso, gentil e que mesmo assim se envolve com outras mulheres. E aí está o limite: não é um comportamento abusivo, mas se não é o combinado entre o casal, é indigno, e quem é traído precisa, por amor-próprio, rever se esse relacionamento vale a pena.

No Casos de família recebemos muitas histórias de traição, porque são sempre polêmicas. O cúmulo da negação que eu presenciei foi a de uma mulher que tinha um filhinho de 1 ano e cujo marido queria que ela saísse de casa porque já tinha uma amante grávida de um filho dele, a quem ele queria colocar dentro de casa. E ela perguntava: "Mas e seu filho?". Ao que o homem respondia: "O meu filho é o que a minha amante está esperando". Observar aquele desamparo foi chocante, contudo mais chocante ainda era a insistência dela em ficar na relação, pois ainda acreditava nela! Ela dizia: "Eu não vou sair. Eu amo você", e afirmava que ele ia mudar. A negação dela foi tão brutal que partiu o coração de quem a assistiu. Foi um misto de pena e raiva. Como um homem vai respeitar uma mulher que age assim? Como ele tem tesão por uma mulher que não vê valor nenhum em si mesma, que se acha um lixo, um capacho, que transforma a ofensa em energia positiva para esperá-lo mudar?

A maioria das pessoas, homens e mulheres, só põe em prática a traição porque acredita que pode, mas vemos mais homens traindo. E por quê? Quem recebe todas as bênçãos da sociedade para poder tudo e mais um pouco? Eu não fico chocada com o homem que faz isso, mas com a mulher que se submete a essa situação depois que descobre. Eu olho para ela e penso que não é possível permitir isso.

Se você procurar no YouTube pelas minhas falas ao fim do programa, verá que eu digo cada coisa! Porque é preciso chamar a pessoa para a razão. Eu não tenho como ficar quieta vendo uma mulher que acha normal ser desrespeitada – e ainda por cima publicamente. Não sei como elas não me xingam. O que me revolta são as mulheres não sentirem a necessidade de se proteger dessa quebra do combinado, da destruição da confiança.

Toda traição envolve mentira, que é inaceitável dentro de uma relação e que vai destruindo o relacionamento, pois você não consegue ficar tranquila sabendo que se relaciona com um mentiroso. Relação boa só existe com tranquilidade. O outro lado da moeda é o relacionamento aberto, que, na teoria, parece uma coisa maravilhosa, porque é puro consentimento, liberdade. O casal aprende a se amar sem posse, consegue lidar com ciúme e fazer daquela parceria algo que está além do sexo. Na prática, porém, muitos relacionamentos abertos são forçados pelos homens, para que tenham variedade sexual, ao que inúmeras mulheres aceitam para não perderem o marido. Claro que há exceções, mulheres libertas que pedem por esse modelo de relação, mas a maioria é coagida a aceitar a experiência em nome do amor.

O romantismo, como já exploramos nos capítulos anteriores, faz as mulheres se submeterem a deslealdades por parte do parceiro. O que falava o romantismo? "Alguém vai aparecer pra te completar" – ideia que caiu por terra há muito tempo.

A gente sabe que se você não for completa, hoje em dia, ninguém vai te completar. Essa história de alma gêmea, metade da laranja, não existe. É preciso ser a laranja inteira. E isso ficou muito marcado nas mulheres. Um ideal romântico que só joga contra. Qual é o ideal de parceiro ou parceira na sua vida?

❖ CAPÍTULO 15 ❖

O AMOR É SEU

"Case-se com alguém com quem você conversaria a vida inteira."

O QUE É UM RELACIONAMENTO SAUDÁVEL?

O relacionamento saudável é fruto do amor que você sente por si mesma, do merecimento que acredita ter. Ele é, acima de tudo, uma dinâmica de respeito. Os dois lados se respeitam e se compreendem. Você respeita o mau humor e o tempo do outro, leva em consideração as queixas do parceiro ou parceira, escuta o que o magoou sem ficar na defensiva, e também fala o que sente sem agredir ou atacar.

No relacionamento saudável há parceria, você fica tranquila o tempo todo, deixa responsabilidades na mão do parceiro sabendo que ele vai cuidar daquilo para você; estimula a pessoa a melhorar, não a piorar. Vocês se jogam para cima, para a frente. No relacionamento saudável, um é o maior apoiador do outro e o casal conversa muito sobre a vida, sobre o que gosta e o que não agrada; há liberdade de expor o que sente sem que isso gere uma briga. É o oposto de tudo de uma relação abusiva. Você fica feliz com as conquistas de quem ama, e ele fica feliz quando você está feliz. Os dois se apoiam em momentos de fragilidade. Você é um porto seguro do mesmo jeito que ele é para você.

Existe confiança num relacionamento saudável, não traição, no sentido de que os acordos são respeitados, mesmo quando se trata de um relacionamento aberto. Um não trai a lealdade do outro, um é leal ao outro. Se houver interesse por outra pessoa, o término da relação será respeitoso, porque ali não existe disputa de poder, e sim relacionamento. Há respeito na educação dos filhos, um não desautoriza o outro, e ambos se ajudam. Repito sempre: é uma relação tranquila; não dói, apenas flui. Um indício grande do relacionamento abusivo é que a tensão é constante e crescente. Num relacionamento saudável, mesmo nos momentos ruins, o casal se une em vez de se atacar.

Outro sinal de relacionamento bom e saudável é que ele é pautado pela comunicação e pela justiça, e se há justiça e todo mundo se sente contemplado qualquer relação tende a dar certo. Quando você se preocupa com o outro, você cuida do outro. Isso não quer dizer que é tudo maravilhoso, mas existe carinho. Um relacionamento saudável é cheio de consideração (inclusive, após ler este texto, é interessante pensar nas amizades, porque não existe relacionamento abusivo apenas na relação romântica). Se o outro está triste, você também fica triste. Existe amor e empatia, e amor pelo ser humano, por alguém que vive com você e faz parte da sua vida. Um não joga a culpa no outro, mas juntos acham a solução para os problemas que invariavelmente aparecem: desde conflitos com a sogra até questões de dinheiro e diferenças no modo de ver o mundo. Essa, claro, é a relação ideal, que nós precisamos trabalhar diariamente para construir, pois ela não vem pronta. Não é uma fórmula mágica, mas, para existir, é preciso haver no mínimo boa intenção.

O relacionamento empurra a pessoa para a frente. Pergunte-se: "Eu estagnei ou o meu relacionamento me estimulou a buscar mais sucesso, mais conhecimento, mais saúde? Pacificou a minha vida emocional para me dar a força de lutar pelos meus objetivos?". O ideal é que dois sejam mais fortes do que um. A relação oferece apoio, né? Apoio e estímulo. Quando você suscita o que o outro tem de melhor, admira as atitudes do seu parceiro ou parceira, a relação é bacana. Não existe admiração num relacionamento abusivo, já que a pessoa se torna fantoche na mão do abusador.

O relacionamento saudável não exige nada que você não queira fazer, respeita limites, seu querer, sua vontade e seu sentimento. Querer é tudo. Se a pessoa não está confortável, não adianta... E o amor é prazeroso, confortável, um local seguro para a gente descansar da loucura da vida.

O desafio das relações amorosas é o confronto de ideias, de opiniões e de desejos, é saber viver essa dinâmica de entender o outro sem querer se sobrepor, negociar com respeito a humanidade do outro, o ser humano que está ali. Se para ficar em paz com um parceiro você se torna uma extensão dele, dos seus desejos e ideias, então quem é você? Onde é que você fica? Vejo tanta mulher se apagando, ficando cada vez mais quietinha, mais boazinha, que o próprio abusador torna-se ainda mais cruel, e pune a parceira ou o parceiro, que se tornou desinteressante aos olhos dele. Ele não respeita porque ela cede em tudo e, assim, vai desaparecendo. Se você reage, ele te pune; se você se abandona à manipulação e às ordens dele, no fundo acaba irritando-o com tamanha autodesvalorização. É um ciclo de desrespeito e falta de consideração a quem você é, tudo em nome de uma disputa de poder.

Se você vive assim, deduzo que esteja numa relação sem futuro, sem saída, sem amor e sem consideração. Porque é muito difícil gostar de uma marionete. O abusador destrói a pessoa que permanece ao lado dele, destruindo o que sente por ela. Ele destrói a pessoa e o sentimento.

A relação saudável é construída pelos dois lados participantes. Se você construí-la com base no respeito, na consideração, o parceiro soma muito na sua vida, e se torna um amigo com quem você dorme. Quantas vezes você busca no seu parceiro um amigo? É muito melhor do que um príncipe, um protetor, um pai, um tutor. Aquela pessoa que dá uma opinião, para quem você tem liberdade de perguntar o que fazer a respeito de um tema ou de outro. O relacionamento saudável é uma amizade com química sexual.

… CAPÍTULO 16 …

COM AMOR... SEMPRE

O que me levou a ser psicóloga foram dores emocionais que eu carregava desde pequena, as quais, apesar do sofrimento, me ajudaram a enxergar quem eu poderia ser.

Eu tinha um irmão com paralisia cerebral que faleceu. Na minha família, tudo era para ele, vivíamos para ele. Eu entrava nessa dança, porque, claro, sempre fomos muito unidos. Ao mesmo tempo, porém, um efeito dessa organização foi eu não ser vista, porque meu irmão precisava de muito cuidado e isso não me dava espaço para falhas, para ser uma criança ou uma adolescente normal. Eu tinha saúde, então não merecia tanto cuidado quanto ele. Pelo contrário, eu era designada a trazer felicidade, eu tinha que casar, que ser bonita, que ser perfeita, porque a cota de tristeza já estava no outro filho. Por essa razão, eu nunca me sentia olhada, vista. Entendia, sabia que tinha que ser assim, que ele precisava de muito mais do que eu, mas isso deixou muitas marcas em mim, e formou a terapeuta que eu sou. Por ter vivido as minhas dores desprezadas, essa se tornou a minha busca: oferecer acolhimento, compreensão para as outras pessoas, ver o outro.

Sempre fui boa ouvinte, e isso me levou a buscar a formação em Psicologia. Aqui estão os anos de experiência ouvindo muito sobre cada minuto da vida de mulheres. É hora de nos despedirmos, e eu sei que em muitos momentos fui repetitiva, mas acredito que uma verdade, quando é muito importante, pode ser dita de modos diferentes até que ela chegue à consciência de quem precisa conhecê-la.

Quando vejo nas redes sociais que passamos a falar de relacionamento abusivo, empoderamento, saúde mental, tenho esperança de que cada vez mais mulheres enxerguem o valor que possuem e encontrem o caminho para uma vida sem violência e sem príncipes encantados. E que elas encontrem homens que também aceitaram buscar outro lado de si mesmos, para serem os pais e companheiros que seus pais não foram.

Saúde mental, infelizmente, sempre ficou em segundo, terceiro plano na vida dos brasileiros. É um reflexo da nossa sociedade desigual. As pessoas têm coisas mais urgentes para tratar antes de pensar nisso. Ninguém deixa de pagar aluguel, escola ou convênio médico para fazer terapia. Sempre achamos que vamos dar conta, que é tudo uma fase difícil que vai passar. No entanto, recomendo que você invista o quanto antes em um processo terapêutico para fortalecer seu amor-próprio, enxergar quem você é, se houver chance, mesmo que em terapias comunitárias, centros universitários ou que isso signifique rever suas contas e prioridades. Terapia não é coisa de gente doida, mas se recusar a fazer é.

Reconhecer relacionamentos abusivos requer autoconhecimento, porque são anos e anos de construção do que somos e não é nada fácil ou simples se desconstruir, modificar nossa visão de mundo, relacionamentos, expectativas e necessidades.

Aprender a dizer não ao abuso é primordial! Colocar limites no outro e principalmente nas próprias projeções e devaneios de amor é essencial. Mais vale tomar cuidado ao se entregar a uma relação do que depois ser humilhada, ofendida e surrada.

Outra lição que fica depois de tantos anos atendendo mulheres e casais é que, muitas vezes, tudo o que uma mulher precisa para dar a volta por cima é da ajuda de outra mulher que a acolha, que entenda pelo que ela está passando. Dê força para mulheres, não reforce os preconceitos sociais. Não fale mal de outras mulheres, não fale de roupa, não critique sem se colocar no lugar delas. Precisamos de alguma consciência de classe para nos sentirmos seguras e acolhidas no dia em que for preciso reconhecer, enfrentar ou abandonar um abusador.

Veja como os homens se apoiam. Um nunca contaria uma traição do outro, e eu vejo mulheres fazendo isso o tempo inteiro para se sentirem mais mulher do que a outra. Sororidade é um conceito que precisamos estimular entre nós, e é a mensagem que a sua amiga ou parente em um relacionamento abusivo precisa ouvir. Não diga que ela escolheu errado, mas que existem outros lugares, outras pessoas, que podem oferecer aquilo que ela jura que só poderá vir do abusador.

Vamos reforçar para toda e qualquer mulher que ela não é um fracasso. Que ela não é o casamento, o namoro, não é os relacionamentos que não deram certo. Para tudo tem jeito, e é possível se reconstruir, mudar as atitudes, viver sozinha, estar em paz.

É como o "dedo podre", sobre o qual todo mundo já escutou falar ou já disse que tem. Não existe dedo podre, existe falta de amor por si, por ver que aquilo não é bom, que seu radar interno está apitando, mas ainda assim segue em frente, porque para você o relacionamento não é composto por duas pessoas trabalhando juntas. Você acha que vai poder amar por dois, resolver tudo, educar o parceiro, mudá-lo. Lembre-se: em uma relação, há 50% de responsabilidade de ambos os lados.

O abuso maior é aquele diário, é o habitual, psicológico, moral, que vai enfraquecendo a mulher pouco a pouco. Ele é mais difícil de enxergar. Sempre queremos achar que o parceiro só está em um dia ruim, que só ficou nervoso porque alguma coisa externa aconteceu. Eu acho que a gente não saiu do lugar. Eu quero que a mulher saia desse lugar, que deixa seu sentimento ser pisoteado, sua vida desrespeitada, tudo em nome de um casamento. Relacionamento nenhum vale isso, homem nenhum, imagem nenhuma que você colocou na cabeça.

Se já está nesse tipo de relacionamento, é muito importante refletir e perceber o abuso para poder tomar alguma atitude a seu favor. No entanto, tão importante e primordial quanto isso é tomar a atitude antes de se envolver em um relacionamento abusivo, terminando antes que comece, prestando atenção a todos os sinais sobre os quais já falamos aqui. Vá com calma, abra os olhos do coração para enxergar melhor as atitudes da pessoa com quem você se envolve. Ouça sua intuição em vez de se fechar no seu sonho, porque isso pode evitar o seu pesadelo!

É muito mais fácil sair disso no início, quando não há filhos envolvidos. Não dê tantas chances a um parceiro que a machuca. Dê chances a você!

Atue na prevenção! Quero mulheres que saibam se defender, reagir, mas principalmente que saibam onde não entrar! Eu nunca vou passar pano para abusador, portanto o meu papel é, mais do que tudo, educar mulheres. Entregue este livro para a sua irmã, para a sua filha, para que elas pensem em si mesmas antes de pensarem em namorado, marido, relacionamento. Não adianta aceitar qualquer coisa e depois acionar a Lei Maria da Penha o tempo todo, porque a lei não consegue controlar as nossas escolhas; no máximo, ela nos protege depois que percebemos que estamos numa cilada. Essa lei ainda precisa se aprimorar cada vez mais, e não tem responsabilidade sobre nossas escolhas.

Eu espero que a jornada que fizemos nestas páginas tenha comprovado isso: nada, nem pessoa alguma, vale a paz de alguém.

Agora, se durante o processo de leitura você pensou em se separar ou já está nos estágios iniciais da separação, dormindo na casa de alguém, saiba que sua única obrigação agora é manter sua integridade física e emocional. Muitas vezes, o ex pode (e vai) tentar fazê-la voltar, apelando para outras obrigações que são ilusórias, que não existem de verdade: "O que os outros vão pensar?"; "Você fez uma promessa ao se casar comigo, não pode desistir". Nada disso, porém, é obrigação sua. A sua única obrigação é manter a sua integridade, e se ele agride você, isso vai contra a sua integridade e arrisca a sua vida. Só com integridade podemos fazer outras coisas, correr atrás do que nos faz bem.

Viva o luto de tudo o que passou, que acabou ou que está acabando graças à sua força de vontade, mas sem esquecer que a sua integridade é tudo, é o primeiro lugar, afinal você vai viver consigo mesma pelo resto da vida, você é sua companheira de jornada e cuidadora primordial. Reintegre-se, junte as partes que deixou perdidas e desconectadas na relação, aquilo que era você, que brilhava na sua personalidade e precisa voltar, ser ressignificado e continuar. Por você e pela sua integridade.

Nada é fixo, tudo passa, e essa dor vai embora com o tempo. O amor não dói, principalmente quando o tomamos para nós mesmas. Ninguém pode arrancar a liberdade dos outros nem a independência, e só quando a mulher acredita em si mesma ela deixa de se enganar pelas projeções que ela mesma faz. Quando se sentir livre e confiante da própria capacidade, terá menos chance de estar presa por alguém que a maltrata. É nisso que eu acredito, que uma mulher apenas sai dessa situação quando **quer**, porque uma mulher é uma potência de poder. Ela só faz o que quer.

    Pare um minuto, escute seu coração, e aja de acordo com o seu querer. É tudo o que eu desejo.

AGRADECIMENTOS

Agradeço em primeiro lugar ao meu pai, Rosário, a quem dedico este livro. Ele foi um homem sem igual, carinhoso, me tratou sempre como a princesa dele (não a que fica trancada no castelo) e me empoderou, dizendo-me para não confiar cegamente em homem nenhum – em vez disso, eu deveria confiar no meu julgamento. Sem dúvida, ele foi o homem mais especial que eu conheci, e me pergunto quantas mulheres não teriam um destino diferente se tivessem tido a mesma sorte que eu tive de ser filha dele. O único efeito colateral de um pai como ele foi sempre procurar homens com o seu perfil, e isso é difícil de encontrar. Mirei na Lua e consegui, assim, acertar nas estrelas.

Por falar em estrelas, agradeço também ao meu marido, Antônio Carlos, a quem chamo carinhosamente de Toninho. Obrigada por ser tão parceiro, compreensivo e paciente, porque não é fácil aguentar as minhas ausências decorrentes de tanto trabalho. Um homem tão especial, uma estrela, que até cuida da minha mãe quando não estou presente!

Agradeço às mulheres que me formaram, em especial à minha mãe, e à minha filha, Bruna, companheira de jornada e que me deu a oportunidade de vivenciar a sua vida, estimulando-me sempre a ser melhor e inspirando muitas das reflexões destas páginas. É por pensar em mulheres como ela que acredito que precisamos eliminar os tabus e falar mais sobre relacionamentos abusivos e saudáveis.

Agradeço a todas as pessoas com quem convivi durante a minha trajetória e que me serviram de exemplos a serem seguidos ou evitados. À minha amiga e comadre Sonia Daud, psicóloga maravilhosa, que tanto me ajudou quando iniciei minha carreira. A todas as pacientes que atendi e a todos os participantes do Casos de família que me ensinaram muito. Obrigada pela vivência tão única. E por último, mas não menos importante, agradeço a você, que chegou até aqui. Que seus relacionamentos sejam sempre fonte de alegria e paz interior, porque todos nós merecemos viver a paz.

REDES DE APOIO A MULHERES EM RELACIONAMENTOS ABUSIVOS

DISQUE NACIONAL 180 PARA PEDIR AJUDA
Não tenha vergonha, você será atendida!

SERVIÇOS ESPECIALIZADOS DE ATENDIMENTO À MULHER[*]
Serviços que atendem exclusivamente a mulheres e que possuem *expertise* no tema da violência contra as mulheres. Procure os que estão presentes no seu estado ou cidade.

---

[*] Informações obtidas em: <https://www12.senado.leg.br/institucional/omv/acoes-contra-violencia/servicos-especializados-de-atendimento-a-mulher>. Acesso em: 19 fev. 2020.

Centros Especializados de Atendimento à Mulher (CEAMs)

Os Centros Especializados são espaços de acolhimento/atendimento psicológico e social, orientação e encaminhamento jurídico à mulher em situação de violência, que devem proporcionar o atendimento e o acolhimento necessários à superação de situação de violência, contribuindo para o fortalecimento da mulher e o resgate de sua cidadania.

Casas-Abrigo

As Casas-Abrigo são locais seguros que oferecem moradia protegida e atendimento integral a mulheres em risco de morte iminente em razão da violência doméstica. É um serviço de caráter sigiloso e temporário, no qual as usuárias permanecem por um período determinado, durante o qual deverão reunir condições necessárias para retomar o curso de suas vidas.

Casas de acolhimento provisório

Constituem serviços de abrigamento temporário de curta duração (até quinze dias), não sigilosos, para mulheres em situação de violência, acompanhadas ou não de seus filhos, que não correm risco iminente de morte. Vale destacar que as Casas de Acolhimento Provisório não se restringem ao atendimento de mulheres em situação de violência doméstica e familiar, devendo acolher também mulheres que sofrem outros tipos de violência, em especial vítimas do tráfico de mulheres. O abrigamento provisório deve garantir a integridade física e emocional das mulheres, bem como realizar diagnóstico da situação da mulher para encaminhamentos necessários.

Delegacias Especializadas de Atendimento à Mulher (DEAMs)

São unidades especializadas da Polícia Civil para atendimento às mulheres em situação de violência. As atividades das DEAMs têm caráter preventivo e repressivo, devendo realizar ações de prevenção, apuração, investigação e enquadramento legal, as quais dever ser pautadas no respeito pelos direitos humanos e pelos princípios do Estado Democrático de Direito. Com a promulgação da Lei Maria da Penha, as DEAMs passam a desempenhar novas funções que incluem, por exemplo, a expedição de medidas protetivas de urgência ao juiz no prazo máximo de 48 horas.

Núcleos ou postos de atendimento à mulher nas delegacias comuns

Constituem espaços de atendimento à mulher em situação de violência (que, em geral, contam com equipe própria) nas delegacias comuns.

Defensorias Públicas e Defensorias da Mulher (especializadas)

As Defensorias da Mulher têm a finalidade de dar assistência jurídica, orientar e encaminhar as mulheres em situação de violência. São órgãos do Estado, responsáveis pela defesa das cidadãs que não possuem condições econômicas de ter advogado contratado por seus próprios meios. Possibilitam a ampliação do acesso à Justiça, bem como a garantia às mulheres de orientação jurídica adequada e de acompanhamento de seus processos.

Juizados Especializados de Violência Doméstica e Familiar contra a Mulher

Os Juizados de Violência Doméstica e Familiar contra a Mulher são órgãos da Justiça Ordinária com competência cível e criminal que poderão ser criados pela União (no Distrito Federal e nos territórios) e pelos estados para o processo, julgamento e a execução das causas decorrentes da prática de violência doméstica e familiar contra a mulher. Segundo a Lei nº 11.340/2006 (Lei Maria da Penha), que prevê a criação dos Juizados, esses poderão contar com uma equipe de atendimento multidisciplinar a ser integrada por profissionais especializados nas áreas psicossocial, jurídica e da saúde.

Promotorias e Promotorias Especializadas

A Promotoria Especializada do Ministério Público promove a ação penal nos crimes de violência contra as mulheres. Atua também na fiscalização dos serviços da rede de atendimento.

Casa da Mulher Brasileira

A Casa da Mulher Brasileira integra no mesmo espaço serviços especializados para os mais diversos tipos de violência contra as mulheres: acolhimento e triagem; apoio psicossocial; delegacia; Juizado; Ministério Público, Defensoria Pública; promoção de autonomia econômica; cuidado das crianças – brinquedoteca; alojamento de passagem e central de transportes. Mais informações disponíveis em: <http://www.spm.gov.br/assuntos/violencia/cmb>.

Serviços de saúde geral e serviços de saúde voltados para o atendimento dos casos de violência sexual e doméstica

A área da saúde, por meio da Norma Técnica de Prevenção e Tratamento dos Agravos Resultantes da Violência Sexual contra Mulheres e Adolescentes, tem prestado assistência médica, de enfermagem, psicológica e social às mulheres vítimas de violência sexual, inclusive quanto à interrupção da gravidez prevista em lei nos casos de estupro. A saúde também oferece serviços e programas especializados no atendimento dos casos de violência doméstica.

**Acreditamos
nos livros**

Este livro foi composto em New Baskerville
e impresso pela Lis Gráfica para a Editora
Planeta do Brasil em junho de 2024.